武陵溪著

腓力浦的孩子

三民書局印行

© 緋力浦的孩子

著　者　武陵溪
發行人　劉振强
著作財產權人　三民書局股份有限公司
印刷所　三民書局股份有限公司
復興店／臺北市復興北路三八六號五樓
重慶店／臺北市重慶南路一段六十一號
郵　撥／〇〇〇九九九八—五號
初　版　中華民國五十九年七月
三　版　中華民國八十二年[illegible]月
編　號　S 78036①
基本定價　貳元貳角貳分
行政院新聞局登記證局版臺業字第〇二〇〇號
著作權執照臺內著字第三〇八四號

緋力浦的孩子
編號 S78036①
三民書局

ISBN 957-14-1416-6（精裝）

三民文庫編刊序言

書是知識的滙集，知識是人人必備的，因而書是人人必讀的；我們出版界的責任，就是要提供好書，供應廣大的需要。不但在內容上要提高書的水準，同時在價格上也要適合一般的購買力，至於外觀求其精美，當然更是印刷進步的今日應該做得到的。

知識是多方面的，社會科學、自然科學的知識，文學、藝術、哲學，歷史的知識，莫不為人所必需，推而至於山川人物的記載，個人經歷的回憶，也都包括在知識的範圍以內；這樣廣博知識的滙集，就是我們所要出版的三民文庫陸續提供的讀物。

在歐美日本等國，這種文庫形式的出版物，有悠久的歷史及豐富的收穫，人人愛讀，家家傳誦，極為我們所欣羨。近年來我國的出版界，在這方面亦已有良好的開始；我們願意站在共求文化進步的立場並肩努力，貢獻我們微薄的力量，參加栽種的行列。我們希望得到作家的支持，讀者的愛護，同業的協作。

中華民國五十五年雙十節

三民書局編輯委員會謹識

目次

媽媽要我「坐轎子」

我被反綁在一條特製的長櫈上，面孔仰天，兩手大姆指上各繫電線，電線那一端是兩部手搖式電話機，有人在不停的搖着，輕微的電流在激盪着我身上每一個細胞，是疼？是癢？我實在分辨不出。橡皮棍在敲打着我肋骨畢露的胸膛。一盆盆肥皂水摻和煤油，劈臉傾注。皮鞭在大腿上清楚地刻劃出紫紅色的血痕，我有些昏沉了，但心裏明白，我身在何處。我想喊叫，那怕是喊叫一聲從小就習慣了的「媽呀！」，也夠滿足。我終於吐出滿口塞着的棉花、破布，拚盡生平氣力大聲喊叫出來。

午夜夢回，窗外雨聲淅瀝，難再入睡，推被而起，看看衣架上我那襲褪了色的法衣，無限慚愧！無限感慨！尤其捺不住的是沸騰在心底的思潮。於是在時代的皮鞭抽打下，我——曾自稱爲腓力浦的孩子向全中國、全世界有公義的人，提出了這份「刑求」的自白書。

「武陵溪！呵呵！武忠森！」司法行政部長兼法官訓練班主任林師佛性，在主持一項結業前的「自我介紹」節目，逐一點名，按次起立發言。

「有！」輪到我啦！當着這位掌握任命法官大權的部長，我沒有像別人自負才高，也沒有枉自菲薄，林先生固然是國內有數的名法學家，其足以楷模後生處，也用不着像別人那樣吃力地恭維。這個態度，一直到今天還有朋友不時爲我惋惜，說我如稍對長官奉承些，其前程絕不止此。

「史記殷本紀上有句話：『自契至湯，凡八，遷始居亳。』亳，分東亳西亳，皆商朝建都之地，東亳卽今河南省偃師縣，偃師是我的故鄉。戰國策張儀司馬錯論伐蜀，張儀有稱：「親魏善楚，下兵三川，塞轘轅緱氏之口，當屯留之道，魏絕南陽，楚臨南鄭，秦攻新城宜陽，以臨二周之郊。」轘轅就是我的故居。武陵溪三字，除武字爲祖傳外，陵溪二字則取自陶潛的桃花源記：『晉太原中，武陵人，捕魚爲業，緣溪行……』桃花源爲政治上的理想國，猶之摩耳氏的烏托邦(Utopia)，柏拉圖的『共和國』(The Republic)，培根的『新阿德蘭地島』(The New Atlantis)，康尼拉的『日中之城』(The City of the sun)，哈林頓的『大洋國』(Oceana)，培倫梅的『回顧』(Looking Backward)，韋爾思的『近代烏托邦』(A Modern utopia)武陵溪則爲通往理想國之道路，我願從事司法工作，使我們的國家成爲一個理想的法治國家。』

滿堂彩聲掌聲，促使林部長對這個廿四歲的青年人，頻頻點頭。幾年以後，仍有人告訴我，林部長由這次自我介紹中賞識了我。從任命及升遷上，也看得出林部長對我的「錯愛」。去今十一年了，林師早已作古，想起這段自我介紹詞，眞使我臉紅耳熱。我已從司法崗位上退役，又爲了什麼呢？

家世環境，也是促成我選擇了學法律這門課的因素。

河南，世稱中原，爲歷代兵家必爭之地，民國以來戰亂頻仍，數田野腐屍，當爲全國之冠。黃河簡直是河南省的盲腸，自然泛濫與人力改道——奪淮入江，黃水橫流，幾使豫東各縣十室九空，豫東飢，則民移至豫西，豫西爲丘陵及高山地帶，靠天吃飯，年僅一熟。嵩山脚下，玉澤山上，盜匪結幫立寨，打家刼舍。連少林寺的數百名大小和尚，也結成了武裝力量。民國十四年直馮之戰，軍閥石友三兵敗過少林寺西逸，殘軍一旅，竟爲少林寺的數百和尚全部繳械，石友三僅得身免。疾疫、蝗蟲、日本皇軍、土八路……，相繼而來，我就在這遍地腐屍，滿目瘡痍，處處硝烟的田野間，跟隨着堅强結實的寡母，日漸成長。

天高皇帝遠，豫西各地的老百姓，却各有自己的「皇帝」——聯保主任。他們養尊處優，作威作福，通令民間普種鴉片，漫山遍野燦爛奪目的罌粟花，把豫西裝點成一座有毒的花園。誰相信二十年後的法官，竟也是鴉片的耕耘者。那時，我纔四歲，罌粟花落後，罌粟樹上接着生出一顆顆像石榴般的果來，協助母親、姊姊及哥哥們，在每一個罌粟果上用薄細的刀片，劃上一刀或兩刀，白色果漿立卽湧出，讓太陽曬個三五天，變成咖啡顏色，然後小心地刮下來，收在碗裏，回家煎熬，其餘的過程我不記得了。祇知道聯保處派人成碗來拿，算是繳田賦，實際上是向聯保主任上貢。

縣裏沒有法院，由縣長兼理司法。至於鄉間，民、刑事糾紛，一半在各姓家廟——祠堂內，由族長一言而決，一半則在聯保處强作決定，罰酒、罰小麥、打屁股、上吊、關黑屋、鳴鑼遊街，聯保主任集檢察官、推事及典獄長職權於一身。而且「一審終結」，老百姓不得也不敢「上訴」，上訴到那裏去呢？到縣政府？縣政府還不如供死人的祠堂！

地方上既無平亭曲直之所，於是「打孽」之風甚熾，「打孽」就是「自力救濟」(self-help)，張家與李家有仇，張家卽持槍於黑夜潛入李宅，將李宅婦孺老小，一齊槍殺。李家如幸留一子，探親未歸，或輕傷不死，便遠走他省，應募當兵（那時採募兵制而非徵兵制）。一旦行軍路過家鄉，便將張家滅門。至於野心客爲壟斷地方政權，綁架、暗殺手段，亦層出無窮。人命案很少爲縣府或省府知道，卽便知道了，也無可奈何。所以縣府很少派人下鄉驗屍。記得有一年，由登封至洛陽的郵差，路過我村郊外，被人洗刼滙款，棄屍枯井，縣府派忤作（檢驗吏）前來驗屍，第二天忤作也被殺死，丟進同一枯井。回想起來，眞有點像美國立國初期的西部得克薩斯。但得克薩斯鄉間却有着一位代表政府的警長，我們則祇有族長、土豪、劣紳、盜匪、散兵、游勇，代表着他們自己的權威。

大概是民國二十年吧！國府林森主席赴嵩山遊賞中嶽廟的嵩麓書院。乘軟轎路過我村，半個月前軍隊已來佈防戒嚴，由洛陽至登封一百四十里路上十步一崗，五步一哨，擠看熱鬧的老百姓被馬鞭驅散了又聚攏來，聚攏了又被驅散。十三年後，當我進入中央政治學校讀書，得以親聆林主席教益，纔知道用馬鞭打老百姓，那裏會是這位以謙冲仁厚爲懷的元首所樂見樂爲！

林主席之遊嵩山，其威儀及排場使母親下了決心。

「孩子！努力讀書！坐那像林主席的轎子！」

我倒對林主席的轎子並無興趣，我對其衞隊之馬鞭印象最深，執鞭者的肆無忌憚，確有其權威。我的小心眼裏開始盤旋：以少林派拳擊，衝入了衞隊，把執鞭者，打一個落花流水，然後一個掃堂腿，冲天一式，飛出人群，奔上嵩山最高峰，仰天一嘯，讓他們沒奈何我。或者由我一聲口令，讓所有執鞭者，向我村圍觀的父老兄弟，一齊下跪，伏首認錯。僅有像林主席樣的轎子坐，坐在裏面對外面事一無所知，任憑抬轎的人及跟轎的人擺佈，轎子又有什麼希罕？當然母親是認爲轎子比馬鞭更有權威。她開始要求她四個孩子中最喜愛的最小的一個，要有「權柄」。爲鄉里增光，爲門第生輝。

媽怕我不够努力用功，每當吃飯時把兩個饅頭排在一起，指給我：「坐轎子的人吃這個白的(純麥粉作者)，不坐轎子的人吃這個黑的(用雜糧及麥和製)。」

我對饅頭的黑白問題，全不放在心上，所念不忘的是如何能身懷絕技，輕而易舉地把欺壓善良之輩，剷除淨盡。平生讀章回小說，第一本是「薛仁貴東征」，我恨透了先鋒官張士貴，對火頭軍薛仁貴之懷才不遇，對大元師尉遲敬德之受蒙蔽，我恨不能向唐太宗直接揭穿。這本書就文學價值看來雖然談不上好，但在幼年的心靈上，却使我開始有了權力觀念。唐太宗比尉遲公有權；尉遲公比張士貴有權、張士貴比薛仁貴有權。最沒有權的人，最受委屈，欲掙脫委屈，必先有權，但我却無意當李世民。以征遼爲例，李世民幾次受困於遼將蓋蘇文，仍還仗薛仁貴救駕得免於難。薛仁貴祇有匹夫之勇，臂力過人而已，談不上什麼偉大處。其臂力來源也不是後天苦練，祇不過是天上什麼白虎星君轉世罷了。我亟需要一個「人」的榜樣，而不需要什麼「神」氣活現。所以後來讀「封神榜」，便潦潦草草，毫無印象。

我在靈泉小學三年了，這所小學設在村中一座供奉東嶽大帝的「東閣」。雖然新制學校，但除「大狗跳，小狗叫」課程外，還兼授四書五經及「古文辭類纂」。我的珠算技能，也還是此時打的根基，至今仍能三指(食、中、姆)並用，倒(卽反覆)打「金成爐」——計算斤兩折合的珠算法。(其歌訣曰：一退六二五，二一二五，三一八七五，四二五，五三一二五，六三七五，七四三七五，八五，九五六二五，十六二五，十一六八七五，十二七五，十三八一二五，十四八七五，十五九三七五，十六兩爲一斤。）至於遊戲來除之「雁鳥排陣」及「獅子滾繡球」，亦能撥算自如。想不到這點小技巧，對我後來在法庭上審理複雜的民事案件時，也還排上了用場，使居心「混賬」的當事人，無從支吾答問。

在靈泉小學四年，學期總考均名列第一，「東閣」是橫跨街道的騎樓式建築，紅榜就貼在過街牆上，村中父老把年年包辦第一的我，送個雅號叫「狀元」，有的人不知我的身世，當問到「武某是誰家的孩子」時，因爲父親去世太早，我便以大哥「忠恕家的兄弟」聞名。

父親，在鎮上經營五金生意，據母親說他精明强幹，在父親的前妻去世前，已賺了不少的錢，母親是續弦，比父親小得多。母親雖未受教育，但人極聰慧，尤其一手刺繡工夫，誰也比她不上。裁製衣服，從不劃樣，稍作比量，拿起剪刀便剪，街坊鄰右的女眷，每當裁製新衣時，都來求教，看見母親不多思考即便下剪的大膽作風，又是驚奇又是戰戰兢兢，她們生怕剪得長短不合式，其實萬無一失。每當我在法庭上以十五分鐘至二十分鐘審結一件案子時，站在庭上的被告似乎不大相信我已把爭端弄清楚，總有人一再重複申述他有利之點，當宣示判決後都能表示心悅誠服。他們那裏知道，我在終結辯論前，已連夜將案卷及證據熟讀一過，並且以特備之日記簿摘記了要點，開庭祇不過將閱卷心得向當事人核對，此外聽取當事人前所未曾提出之新意見與新證據。

我常以母親的剪法與我寫判決的筆，有同一風格而自滿。

我三歲未滿時，父親便因赴關外採購鐵器病逝黑龍江洮南地方。大哥有芙蓉癖，店務及家產，母親不敢交他管理，二哥未讀過書，一向負責田裏的事，也沒有管家的能力。三哥和我都太小，根本尚不懂事。於是家庭重擔，便由母親一人挑起。母親這時纔四十歲。她首先結束店務，我們負欠人家的，都有憑據，非清還不可。人家欠我們的，祇有父親心裏有數，如今父親病逝關外，還有誰個好心人自動前來還賬？店務清理結果，除存貨被搬一空外，父親平常騎的小黑驢子連鞍子一併被人拉走。母親不知流過多少眼淚，多方力爭，最後為我們保持住一幢四進十房的院落。

初級小學畢業了，因家道式微，又遇戰亂及荒年，母親對我已放棄了「坐轎子」的期望。三哥也已輟學到一家叫「五盛合」的糧食行學生意，要我到另一家「協順昌」棉花糧食行當學徒。我為了替母親賺錢，並且每月還可分些由地上掃起來的雜糧，補貼家用，於是我也輟學從商，那時祇不過十一歲。會幫賬房先生對賬，又打得一手好算盤，人長得又巒清秀，深為店東所喜愛，自不在話下。

鎮外二公里處有一座緱山，此卽周太子晉遇浮邱公乘鶴仙化處。山頂有觀，名曰昇仙觀，極寬敞。緱山並不太大，周圍不過二三十公里，四望盡是平原，春秋戰國時代之緱、滑諸國，都在山下四五里遠近。地方人士便利用這座斷了香火的昇仙觀創辦一所「偃師縣立第三高級小學」，適逢招收新生，我稟准母親參加考試，祇在試試本事，縱然考取了，仍要學生意。誰料三百多考生，祇錄取九十六名，我以第一名中榜。靈泉小學的狀元躍升爲高級小學的狀元，這份榮譽，把母親感動的哭了，母親哭着說：「孩子！你好命苦，爸爸活着的話，怎會使你失學呢！」

人哥、二哥、三哥、出嫁了的姐姐，新娶來的二嫂，一致向母親建議：「我們家要有一個唸書的，不差四弟賺這麼一點錢！」

「好吧！聽你們的！」

我伏在母親懷裏，拉着她那雙多繭的手，哭了起來。

踏上流亡的路

從此，我又續了學。

昇仙觀離家約三公里，一路上坡，直達山巔，爲趕每天早晨八時的「朝會」，母親必需在六點鐘把我喊醒，鄉間農家雖然沒有時鐘，但母親憑靈感的判斷，從不會有所失誤。去學校的路上，要通過一處墳場，這墳場裏的故事太多了。打從我三歲懂事起，已有深刻記憶。村裏的人幾乎都這樣說：「深夜或黎明，當你走過墳場的柏樹，樹上會突然滴下幾滴血，恰好滴在你的臉上，那血尚有餘溫；樹上也會突然伸下一隻舊式少女的小脚，穿着大紅色緞面綉花鞋，臨空搖盪；墳前石碑後面會轉出一隻狐狸，頭頂一片人頭骨，擲前問你：「成不成？成不成？」，那是已修够九百九十九年半以上的狐狸精，要藉活人一句吉利話，才會完成神仙正果。倘若你回答一句：

「成了！」牠會丟下骷髏，伏地拜謝而去。如爲公狐，今後或將給你很多幫助，如爲女狐，牠將採童陽以補其陰，被祟兒童，無不苦黃而死。如你說聲：「不成！」，這狐將採報復，直到你家破人亡。坍陷的墳坑裏有狼，有蛇，有刀客（河南俚語卽盜匪）……總之，學校與家庭之間，有一道連村裏的伯伯叔叔都畏懼的險關，老公公們手持五尺多長旱烟管，也常訓誡子弟：在太陽下山後及昇起前不要輕易到那陰森的墳場去。而我却必須除星期天外，在每天太陽昇起前，走過那裏。在太陽下山後，又從那裏走回來。求知慾給了我無所畏懼的勇氣，村中父老對我益發另眼看待。我自幼心中「無鬼」，也是我成年後服膺「季漢三才」之一的王充「無鬼論」的根由。

我是母親的「奶乾兒」——媽生我時，雖祇卅七歲，但因操勞家務，生後我已無奶可吃，大哥有鴉片癮，沒有誰家女兒肯嫁烟鬼子，二哥壯健篤實，他先跳輪結了婚，二哥比我大廿一歲，二哥的大兒子與我猶如「忘年交」，二嫂奶水多，母親奶乾了，一俟二嫂懷中有空，我便伏下大吃一頓。就因爲小叔吃嫂奶長大，小叔讀書又有「狀元」之稱，二嫂往往把包文正故事來比喻。原來河南鄉間流傳着宋代開封府尹包文正公的故事是：包文正生下來便喪失了母親，吃嫂奶長大，後來包文正「學優而仕」，令出如山，剛正無私，不賣任何權貴的賬，惟對老嫂子的話，言聽計從，所以在河南梆子戲裏，包文正公稱其嫂爲「嫂娘」。至於正史如何記載，我尚無暇查考，不過，我總想考據一番，以報二嫂養育之恩及她在天之靈。二嫂在母親面前支持我棄商續學。她何嘗沒有想由一個坐轎子的弟弟稱她爲「嫂娘」的意思。

母親對她這個「奶乾兒」有坐轎子希望的信心，極爲堅强，什麼魅魑魍魎，見我祇有廻而避之，那敢有所加害！我讀章回小說「大明英烈傳」，遇有空暇，坐在母親、嫂子紡車邊，左鄰的薛大嬸，對面的秋嫂子，右鄰的嫩姐、鳳枝、小荏、大梅……一齊圍攏來，大家聽我爲她們說明太祖朱元璋皇覺寺當小和尙的故事：

「每天早上，朱洪武（河南鄉間祇有朱洪武而不知有朱元璋）拿掃帚清潔佛殿，最感吃力的是：每一尊羅漢面前的香爐也要搬開，清掃完了，然後一一放回原處，不勝其煩。有一天，朱洪武起得特別早，趁着師父未起床，便在大殿門口厲聲對着殿中百十尊羅漢泥像喝道：『喂！別裝腔作勢呀！各人抱起各人的香爐到殿外來！』衆羅漢聞言，各自收勢起立，急忙抱起自己面前的香爐，搶着湧出殿門，乖乖地站在空地上，等候朱洪武把殿內掃乾淨，然後出來。又一本正經地喝道：『還不快回原位？儘站着幹什麼？』衆家羅漢一個個爭先恐後，攜著香爐又湧回佛殿去，回復原來張牙、瞪目、眉飛、色揚勢態。……」

「當然嘛！朱洪武是眞命天子！」

「神鬼也怕惡人！」

「死丫頭！少貧嘴，朱洪武是惡人？」

「……」

故事本身，當然也經我順口重編過。如今想起來，在二十世紀中國的農村，一個會唸章回小說的十一歲學童，也配作一部份人的精神堡壘，滿口「文化」的大人先生們能不愧死？這一堆欣賞章回小說的婦孺外圍，是硝烟、屍臭、虎、豹、豺狼。

看！日本軍隊已長驅直入，國府有遷洛陽之議。徵兵了，年輕人一個個放下鋤頭，走出了農莊；徵糧了，一斗斗量空了農家的糧倉；攤派了，工程費……、交通費、過境軍隊糧秣費、傷兵救護費、出征軍人安家費、送兵入伍費、紛至沓來，仍然無助於阻止日本軍隊的前進。開封已告急，省會一失守，洛陽將難保。宣傳隊已下鄉來，帶來驚人的畫報，日本兵槍尖上掛着中國兒童，衣帽不整的「東洋鬼子」到處姦淫中國婦女。於是閉塞的豫西陷於一片混亂中。土匪趁機加緊搜刮，土豪藉公徵而私歛。現在，我們形容共匪盤踞下的大陸人民爲處「水深火熱」之境，當我回想廿九年的豫西家鄉父老之處境時，才知道「水深火熱」究竟是何等滋味。

當太陽隱去的時候，我通過墳場四月之久，墳場並無狐、鬼之象，倒是墳場以外的世界，我感到狐鬼越發多了。大哥不知從那裏弄來一本石印的「斬鬼傳」，我看了，益信這世界底確已成鬼的世界，我開始追求鍾馗之劍。當保公所的保丁來向母親要攤派款時，我堅持着非要收據不行，就這樣，保丁說我「要造反」，當着母親給我一記重重的耳光。母親忙不迭陪小心，說：

「他孩子家，讀書讀迂濶了頭，別放在心上！」

「他媽的！我終有一天宰掉你們這些吸血鬼！」我手撫着紅腫臉龐，站在母親身後，在心的深處咒罵着。

我不信有眞鬼，是因我多次追尋，終無所見，荒山古廟，亂塚敗墓之間，深更半夜我祇找到一些從枯骨中溢出的燐火，那是因夏夜天熱，燐在六十度融點開始燃燒氧化，隨風流走，捕捉到手，仍然熊熊有光，但並不覺得灼熱。最初我擔任法官每審結一件命案，喜歡在午夜以後撰擬判決，擬判之始，我也曾正襟危坐，熄掉電燈，喃喃自語：「被害人某某，你如果已化鬼有靈，請來告訴我，本案除在押被告之外，尚有無其他共犯？無論有無，請來告訴我！」半響，毫無聲息。我再次呼喊：「你如畏懼我有官氣，請在窗外以小石子投我，以代答覆！」仍然萬籟俱寂。有一次妻半夜醒來，聽我在書房對鬼問話，嚇得喘不過氣來，好幾天對我不愉快。其實，我是在政治大學時受了戴修瓚教授的影響，年前我在大華晚報副刊曾寫「蒼蠅伸寃」一文，其中引述戴老師的故事道：

「余師戴公修瓚，授課之餘，爲諸生言渠初任北平法院檢察官時，偵審一件情殺案，以爲罪證已調査明確，夜燃美孚燈方欲着筆制作起訴書，忽燈燄縮小如豆，室內昏暗，恍惚一修長人影竚立案前。戴師正年富力壯，不稍懼，停筆凝視，燈光復常，人影頓逝。方又捉筆，人影再現，如是者三。戴師厲聲曰：『何方鬼物！汝其為本案被害人，有所鳴冤乎？請從旁助我，當押候數日，續查新證據。』語竟，燈光復常，人影立逝。戴師甚異之。某日徘徊街頭，偶見一肥頭大漢，行色鬼祟，下意識尾而隨之，見大漢左顧右盼而入被害人住宅，招警跟入拘捕，嚴鞫之下，知為一屠夫，戀奸害命之眞兇也，疑兇為被害人之僕從，固曾揚言弒主者，於焉案情大白。我政大十四期同班校友或仍記憶猶新。奉勸法官留神：下筆擬判之頃，盍稍顧左右，察有無何等異象，或有助於眞實之發現歟？」

戰事日急，敵人的飛機開始在洛陽四郊投彈轟炸了。因馮玉祥把黃河由花園口改道南流，奪淮入江，阻止日本坦克部隊繼續西進，但却害苦了豫東十幾縣的老百姓，一覺醒來，全家老幼，已置身在新黃河的河床上。濁水滾滾，把豫東沖刷個乾淨俐落，其效果有二：第一在戰略上確實阻止了日本軍的繼續西進，晉、陝、豫交點之潼關戰線，得以從容佈防。第二在經濟上老百姓與財產一併沖走，後方沒有可救濟的難民，政府省下了一筆救濟金。是功？是過？留待歷史家評判吧！

五年級上期的課程草草終結，連學期考試都來不及擧行了。陸軍第一軍軍長胡宗南將軍，這時正戍守豫陝防線，在上海市商會童子軍團協助下，下令搶救戰區失學兒童，第一軍政訓處在偃師火車站設有報名處，負責收容第十行政區洛屬十縣——洛陽、偃師、鞏縣、孟津、登封、新安、澠池、宜陽、嵩縣的小朋友。說是運往西北大後方，成立公費學校繼續教育。

「媽！我要去報名！」

「不行！恐怕是巧募學兵的，那怎麼成！你爸爸已經去世，家裏以你最小，也以你吃苦最多，我不能讓你吃更多的苦，書讀不成，就繼續學生意吧！」

「媽！我要讀書！我會照料自己！十二歲了還說我小嗎？」

「唉！你爸爸胃病未好，我放他去了關外，一去不能回來，已夠我後悔一輩子。你，東西南北還未弄清楚，到那冰天雪地的口外（豫西人稱陝甘地區）叫我怎能放心！」

「媽！小孩子那裏會怕冷，蹦蹦跳跳，一身是汗，再說有幾千小朋友在一起，也不是我一個人瞎摸索。」

「去吧！羽毛長全了！讀了一學期高級小學，人心可就變大啦！不聽話啦！眼珠裏沒有媽了！」媽邊說邊哭起來，這幾句雖爲責備話，媽顯然是想儘力留住我。

「媽！你不是要我立志坐轎子嗎？坐轎子的機會來了，却不讓我去，跟人家當學徒連看坐轎子，都要挨馬鞭！連保丁的氣也要受。有吃、有喝、有書讀，就是要我當兵，書讀好了，三五年還不弄根發叉皮帶？（註：抗戰前中國陸軍採日式裝備，軍官腰繫寬皮帶，另以一寸寬小皮帶斜置右肩，「皮帶發叉」乃鄉人對軍官之別稱）、文官坐轎，武官繫「發叉皮帶」，母親雖非望子成「龍」，有個「官兒子」總是好事，坐轎不成，騎馬也可。媽一邊哭泣，一邊偷眼看看，我是不是會堅持下去。

「媽！我非去不可！明天就走！」我重申決心。二哥——這個典型的中國農民，跑過來悄聲吩咐：

「四弟！聽說官都是考中的，你能考專員（指行政督察專員而言）就考專員，不要考縣長！」二哥知道一個行政督察專員治下包括十來個縣長。如今回想起二哥這種「平步青雲」的期望，既慚愧又覺好笑。

第二天一早，媽從市上回來，賣掉了新紡的棉紗，還有媽陪嫁來的一對銀耳墜，一共湊給我一塊五毛錢作爲路費。那時豫西通用銅幣，分二百文、一百文、五十文、二十文、十文五種，中、中、交、農四行發行的一元紙幣與袁大頭、中山頭銀幣，十足通用，銅幣折合紙幣或銀幣爲每一元八串左右，一串卽一千文。一升小米不過一串左右。我不忍因爲我而加重家庭負擔，堅持不肯帶這麼多路費，媽硬塞到我口袋裏，說：「在家千日好，出門一時難。還是收下來吧！用不完慢慢用，我們在家，不比你出外舉目無親。」

當媽及兄嫂們送我到村外直奔洛陽的大道上，我才透給媽，我祇帶出來一塊紙幣，另外一枚五角農民銀行票，我乘媽不注意時，塞在屋簷下面一個麥筐內了。

媽又好氣又好笑地說道：「知道愛惜用錢就好！在外千萬別自負才高，能吃苦中苦，方爲人上人。」一言猶在耳，苦，二十年來我不能說吃得不够多，而孤傲之氣，却欠涵養，同學、同事知我者，都說「武某一身傲骨頭」。想起母親當年叮囑的話，每有愧疚，但事到臨頭，却又忘了個乾淨。

步行四十五里路，渡伊水後，即到偃師縣城，在車站附近的縣立第一小學向一位三十多歲穿童子軍制服的人報了名，正是晚飯時候，隨即有人塞過來兩個大饅頭，一根醬菜，食後，在教室走廊下和衣睡去，前前後後，橫七豎八，都是七至十四歲的小朋友，曲肱而枕，一覺到天亮。

「孩子們！起來吧！今天你們要離開你們的媽媽和爸爸啦！沒有決心和沒有勇氣的在屋簷下站着，有決心有勇氣的跟我到操場集合！」一位帶眼鏡穿軍服繫發叉皮帶的人站在臺階上呼喊着。

操場上立即集合了一千四百多位小朋友，屋簷下祇剩得一、二百位，在那裏揉眼低泣。

接着，我們魚貫而行，走進停在車站上的一列貨車廂，車頭已升火待發。汽笛一聲長嘯，慢慢，慢慢，我踏上了流亡的路。……

斷了線的風箏

像斷了線的風箏，隨風而去。

像斷了纜的孤舟，在怒濤中漂盪。

在戰火彌漫之際，我丟下了母親，遠走他鄉，去尋覓我未來的「轎子」。

眼淚這東西，眞像牆上草一樣，說它代表離愁也好，說它代表歡喜也好，母親和我的眼淚却正是如此。

一個出生不久便失去了父親的鄉下孩子，靠嫂子的奶水與母親的教養長大，十一年來從未離開過家鄉，一身土布對襟衣服，一雙平底布鞋，頭上頂着一隻「茶壺蓋」——河南人對在校學生髮式的稱謂。一離自己村莊，東西南北便覺得轉了向，還要面對太陽，想着家門口的景物，默默想着：左邊是南，右邊是北，啊！對了！原來前面是西。但心裏仍然覺得狐疑，火車在理論上固然應向西開，但在感覺上怎地一連幾天都是向北開呢？

我們一行一千多人，但負責護送的，好像祇有一位喩占標，四十上下年紀，高大的個子，腰佩一支盒子鎗，火車每一到站，他便跳下車來，在月臺上來回巡視着，不准我們小朋友下車亂跑，也不准逃難的人擠上「專車」，祇見他跑來跑去，怪聲吼叫着，他曾不祇一百次抽出盒子鎗，對空鳴放，壓制那騷亂的場面。假若說我們是一千四百隻乳羊，喩占標則恰似蒙古的牧羊犬。

這列比牛車快不了好多的火車，全是鐵皮貨車廂，六月的太陽好像晒紅了車頂，車內人多，僅容盤膝而坐，誰要是瞌睡了，祇好找個伴兒，背對背向後一倒。瞧！不像上了蒸籠的小肉包嗎？除非藉口撒尿，喩占標是絕不許我們離開車廂的。因爲管理之嚴，於是上車出發前的謠言，第二天車過洛陽後，又在車中傳開了：

——我們是被上海來的大騙子騙了，在偃師車站報名時，我就覺得奇怪，管登記的人已三十多歲了，身上還掛着「童子軍」肩章，有三十歲的童子軍嗎？

——是呀！我們一定是被上海大騙子騙了！送到喜馬拉雅山去賣給野人當糧食。

——不會的！喩占標的符號上有「列兵」字樣，臂章是第一軍，軍隊會幫助大騙子搶小孩兒？

——那幾個上海老童子軍並沒有隨車來呀！看樣子不會把我們賣給野人吃。大概是送到第一軍當傳令兵的！

——對！當傳令兵的，傳令兵都是小孩子當的，我見過馮玉祥的軍隊裏很多。

就因爲上海童子軍當年對我的幫助，使我今天仍在獻身於童子軍運動。我是英國童子軍極偉營的木章持有人，也是臺中市童子軍第十八團的團長。

我們在車廂裏日夜不停地議論着，膽小的偷偷溜下去，又爬上了向東開的車；有的溜出車站不知所終；有的不吃也不睡，又不敢輕易溜走，而整天哭泣着；有的學着舊小說裏的故事，插血爲盟，誓言生死與共，結成了團體。我呢？經仔細觀察過每日三餐，幾天來，都準時有人擡着竹筐，分發大小一致的「洋麪饅頭」，還有醬菜。每四天每人並發零用錢大洋一元，說是每日每人二角五分。供應一千多人，如此規律，這顯然是有計劃有組織的。沒有那樣大膽的騙子，騙得了人家小孩子，還利用軍隊押解，利用國家火車公開運走，運到喜馬拉雅山去，該下多大本錢吧！我決意再耐心觀望幾天，看火車究竟開到那裏去。每天我把經過的站名，一一記下來：偃師—白馬寺—洛陽—金谷園—磁澗—新安—鐵門—義馬—澠池—英豪—觀音堂—陝州—靈寶—這一天，車到大名鼎鼎的潼關。

潼關，這個位當豫、晉、陝三省門戶的重鎮，背依秦嶺山脈，面臨黃河，與山西省的風陵渡隔河相望。黃河自出巴顏喀喇山後，向東北流經甘肅，北流過寧夏成爲與綏遠的分界線，轉過河套，折一百八十度南下成爲晉、陝兩省的分界線，水流湍急，是古人有「黃河之水天上來」句，再由潼關東折九十度入河南。潼關實爲大西北之咽喉。日本軍閥於風陵渡置重砲部隊扼此咽喉多年，國軍亦置砲兵一師於此相抗。不知是誰的消息，說：「蔣委員長的二公子蔣緯國在這裏的第一軍第一師當排長ｉ」車廂裏一陣喧嘩過後，我們這群小朋友反增強了對第一軍的信賴。事實證明，今日在臺灣統率十萬裝甲兵的蔣緯國司令，的確是二十年前駐守潼關的小排長。

在潼關我們每人分到一簍醬肉，這是潼關的特產，簍用荊條作成，內糊桑皮紙，塗以桐油，絕不漏水。另給一個白布條，寫着「天政學生隊」及佩帶人的姓名，掛在胸襟上。大家見了「學生隊」的稱謂。便更爲放心。

火車由潼關郊外，進入隧道，穿過潼關城，回首望去，潼關城牆由低下的黃河岸邊，蜿蜒直上，在海拔千餘尺的南山上循山形起伏，與萬里長城頗有近似處。西嶽華山的奇巍，長安車站宮殿式建築的華麗，咸陽城牆的整齊，渭水平原的廣濶，使我開了眼界，儘管是走馬觀花，我已領悟在這錦繡河山上，未來歲月有很多事業在等着我們經營。

車廂裏的空間因天天有人溜走，逐漸開濶了，剩下我們甘心繼續啃饅頭、嚼醬肉的，已有舒展的餘地，零用金每天由二角五分，增加爲三角三分，我想大概叨了開溜者的光。我們的飲料，是用杯子到火車頭上接來的蒸氣水，倒也可口。

當年的第一軍長胡宗南先生，不久前已病逝臺灣，朝野上下，均有讚悼之詞，却沒有人知道他先後二次由河南砲火連天的戰場上，搶救過三千多位兒童，這些兒童在抗戰末期已都成有用之材，就拿我們那一班五十二位同學來說吧，百分之百升入了大學，後來，無論在理、工、文、法各科方面，都有了相當成就，還有不少位在國內外大學執敎。胡將軍墓木已拱，啃「洋麪饅頭」的孩子們，也已子女成群，由幼年流亡西北想到今日逃亡海隅，這其間蘊含著幾多辛酸！用法理學，政治學，軍事學，形而上學，說得淸這其中的道理嗎？前臺灣大學法學院長今爲立法委員的薩孟武先生，算得上國內「正統」的政治學及憲法學權威，他却曾不祇一次地搖頭嘆息：「悔不當年學剃頭。」我是學法律的，也幹過十來年法官，當然還稱不上什麼家，論出身，因爲我是中央政治學校畢業，人家還揶揄我是「天子的門生」。假若要我學着薩先生的樣子搖頭而嘆，我却要說：「悔不當年學劍客」了。憲法學兼政治學家悔不能獨資經營一個理髮店，自有他的道理。法官如均由劍客擔任，我想那些假法治之名，而幹干涉審判的達官貴人，見到「按劍而怒」的法官會稍斂形跡的。單憑翻六法全書的工夫來養家糊口，法官們又何嘗不後悔當年未學剃頭呢？

◎ 我們的專車經過十天的行程，在鳳翔縣屬的號鎮下車，除了沿途溜走的，祇剩下一千人左右。「牧羊犬」喻占標，益見忙碌，好不容易把我們驅進車站，按着頭一個一個迫令蹲下，半個月來，我們非但沒有洗過澡，也沒有正式洗過臉，汗臭氣夾着踢起的塵土，連過路的叫化子也掩鼻而過，有點嫌棄我們。黑臉龐，白牙齒，眞像從外埠新運到一千多支特大號黑人牙膏。即使眉目稍較清楚一點的，也好像現設北投的復興劇校的學生班，劇終收場，列隊回校，還未來得及擦淨臉上的粉與墨。鎭上居民用陝西腔管我們叫「學兵娃娃」——這倒是一個再恰當也沒有的稱號，像是一群學生，却由兵來管帶，年紀又都在十歲上下，當然算是娃娃了。

日已偏西，「牧羊犬」喩占標宣布下一目的地爲鳳翔縣城，離這裏還有四十里路，天黑前要步行到達。

隊伍迤邐在虢鎭郊外的土嶺上，像隻受傷的大蜈蚣，慢慢向前爬行。我在離家前，曾被村裏鄰家的狗咬傷了左腿，兩個牙印兒深達皮下，母親用油炸的辣椒爲我塡平了傷口，本來已近復元，但還紮着布條，行走仍然稍感不便。未想到半月來未再換藥（實在是應該說換辣椒），患處又已腐爛發腫，我在嶺下折得一根樹枝撑着一步步挨上嶺來，痛楚之狀，眞是一步一滴淚。所幸比我年紀更小的，身體更差的小朋友，行動更較困難，我未至落了伍。有坐在地上哭爹喊娘的，有倒地暈蹶不醒的；有跌破頭皮號啕大哭的……。可也眞難爲了我們那條「牧羊犬」。

說起來油炸辣椒治狗咬傷事，我還要舉幾個母親常用的中醫偏方，看醉心中國固有文化的人，如何發揚廣大它。這偏方中所用的藥劑爲：母猪屎、小孩屎、小兒胎屎、糖雞屎、鍋底灰、女人頭髮、破雨傘、花椒、松塔、雞血、石灰、香灰、艾草、炒黃豆拌紅糖、指甲、狗屎，蝎子、蜈蚣、西瓜皮、尿桶……。

豫西是一個多山的落後地區，洛陽雖爲古都，但像老祖母的纏脚布一樣，除了時間上的價值外，我不知道珍藏起來爲我們這一代人能排個什麼用場。我家住在洛陽大平原邊上，瀕臨伊洛河，但出生後十一年才第一次看到火車，事實上出生後五十、六十年未看見過火車的村中父老，不知道有多少，但我們已比山區的人文明多了。村裏經常引爲話柄者有一則千眞萬確的故事，可以用來說明那裏一部份人的文明程度。

嵩山谷裏的人，遇到了豐年，人家湊錢要唱戲慶祝，於是，派人出山來請了一臺戲，戲園老板問山裏人要看什麼戲，請點排節日。山裏人一輩子沒有看過戲，當然說不出戲目來。

「揀熱鬧的唱吧！」山裏人說。戲園老板不知什麼戲是他們認爲熱鬧的，請他們說得再具體些，山裏人祇聽人常說戲裏有兩位黑臉的風雲人物，一位是敬德（即尉遲恭），一位是老包（包文正）。

「就唱敬德打老包吧！」

「這個……」戲園老板有點爲難了。

「又出錢又管飯，叫你們唱這個就唱這個，還有什麼好說的。」

河南人以直性子聞名，嵩山裏人說的可眞是開門見山話。

「好吧！」戲團老板若有所悟地答應下來。

一連三天戲，都是持九節鋼鞭的尉遲敬德與持長柄大刀的包文正公打得不可開交，長靠短打，鑼鼓喧天，震澈了整個的嵩山。第三天夜戲過後，演期卽告屆滿，但兩員黑臉大將鏖戰三天三夜，竟至尙未答話開腔，但脚本裏根本沒有這齣戲的臺詞呀！儘管觀衆看得樂不可支，無論如何也得謅上幾句，不能把「唱」戲當「打」戲呀！

「來將通名！」包公把大刀一擺，先開腔了。

「你老爺是大將尉遲恭！」

「好小子呀！（二簧原板）你在唐朝俺在宋，無故打俺爲何情？」

「（二簧原板）旣拿錢來又管飯，叫我們恁幹就恁幹！」

「放馬過來！」又是一陣好殺，好戲收場。觀衆可眞過透了戲癮。

假若戲劇是文化，這裏的二十世紀五十年代觀衆的文化水準，却正如其對病理與醫藥之認識一樣。

村前的劉家姐姐，面黃肌瘦，氣喘噓噓，有人說是在田裏作工，回家來出汗，仰臉睡覺，汗落了心。劉家嬸嬸得了偏方，需用新瓦乾焙母猪屎四兩，煎水和紅糖飲之，可使落了心的汗發出來。這一天，劉家嬸探得我們家養有一頭老母猪，上門來討「藥」，媽命我進入猪圈揀未沾土的大塊猪屎，小塊的顯爲小猪所排洩，當然藥力較差，甚或不適用。可是老猪與小猪都吃得一糟食呀！我想不開這些製「發汗藥」的大小機器，其內部零件有何不同。

治小兒口瘡，用女人頭髮醮鍋底灰、食鹽與棉油，纏食指上伸口內挖瘡使破。

治足部腫脹，呼十歲以下小兒多人，使病人伸出脚，群兒撒尿其上。

治扁桃線發炎，以花椒和桃樹根下泥土敷之。

治霍亂用陳舊木製尿桶，煮水飲之。

治跌傷化膿，以糖鷄屎（卽咖啡色糊狀鷄糞）敷之。

凡此種種，都是我們家鄉人，取之不盡，用之不竭的好藥物，幸而病好了，便極口宣揚，萬一無效，便改向所在俱是的神仙，求籤問卜。百年大樹上，大塊石頭下，深潭古穴裏，都是神仙的居處，直至病死，他們仍歸咎於天命，從無人就舊尿桶、母猪屎、小孩尿……提出化驗報告。到今天也沒有人能說明糖鷄屎裏含的是那一類抗生素。祇因老祖宗的著作裏，有這些藥物的註脚，猪屎、人尿也就成了我們的「固有文化」。那些曾經現在也偶而戴瓜皮小帽，身穿長袍馬褂的文化人，也就一口咬定這些「固有文化」遺產，天天嚷着要發揚，要光大。

祗要是老祖宗的著述，不管內容如何，便可印刷販賣，一本現代人的著作，倘非依出版法登記，非但不受保障而且有取締的可能。請看清人張紹棠的「本草綱目」，各大書店，均可買到，他就主張尿桶板煮水可治霍亂（見原書第一二五八頁）。不知患霍亂病人的尿桶，也能治霍亂否？這種不附化驗報告及臨床證明的醫書，怎可准許任意印行呢？尤其是霍亂曾在臺灣流行過。

中國有了這些樣的老百姓，「治理」起來還要在什麼政治學，憲法學上找理論根據嗎？有那些保丁與聯保主任當權，還需要什麼法律，卽便有了法律，還用得着獨立審判嗎？難怪乎法學院長「悔未當年學剃頭」了。

天色已晚，夜幕漸漸低垂，我們連滾帶爬，總算已到了鳳翔城。從一家小飯館裏，討到一匙油炸辣椒，解開腿上的布條先換了「藥」。不知是什麼所在，倒下來一覺到天亮。

第二天，太陽從感覺上的北邊出來，儘管理論上早晨的太陽應該是在東方。但無論如何我却擾不清鳳翔城裏的方向。

腿上的傷口疼一陣癢一陣，昨天又跑脹了筋，人在難處，未免思念親屬，何況一個十來歲的孩子呢！坐在我們寄宿的文廟廊下的石階上，離家後我第一次失聲地哭起來。心靈上是孤寂、空蕩、漂渺，還夾雜着恐懼。前路茫茫，離家已一千餘里，今後還不知何處是歸宿。

母親放走了我這面風箏，如今她所能收回的，祇是一縷斷了的絲線，她心愛的風箏已不知飄落在那裏。……

一群小猪的故事

我們是一群小猪。

我們不但是一群小猪，而且是一群小野猪，因爲我們與家猪還有不同之處。家猪有日給豐盛三餐的主人，我們却要憑自己的能耐在山野間自謀生活。

一撓一拐，大隊從陝西省西陲的鳳翔城繼續向西開拔。「牧羊犬」喻占標不知了去向，誰是領隊，我們也都無知無識，衹不過跟着前面的人孩子，一步一挨，循着秦嶺的蜿蜒山谷向前行進。當然隊伍的最前面一定是有一個知道目的地的首領的，就好像草原上蒙古人的羊群一樣，爲首的是一隻長着長角，頸繫銅鈴的雄羊。

每日三餐是由前面的小朋友傳遞下來一塊小小三角形的「鍋塊」——陝西人以獨到的技術烘

製的無酵餅，堅如木板，厚如磚頭，據說旅行在蒙古沙漠裏或西北大草原上，携帶此種乾糧，可保一月不霉不壞，縱不能遇到旅店或住家，亦無饑餓之虞。可是，我們所分到的份量却僅够一餐。

零用錢沒有了，主副食一概包括在這塊「三角板」內。起初兩天，大家口渴了，還知道向山坡上的草房裏的人家討些由山泉裏挑來的水喝。後來大隊越向前走，山勢越加險巇，人烟亦越見稀少，解渴的水很難討到。所幸隴縣一帶的山窪裏，儘多農家的葡萄園，成串的白色、紫色葡萄，由木製的架上，低垂下來，顆粒碩大無比，對我們這些失了管教，疲憊不堪，口渴難忍的小旅客，實在是個天大的誘惑。

「來喲！可口的很呀！」不知是誰振臂一呼，像蝗蟲似的漫山遍野，一哄而進，可憐那些整齊的葡萄架，片刻之間被扯拉個雞零狗碎，嘴裏塞的，手上捧的，臉上塗的，袋裏裝的，手杖上挑的，都是葡萄。有的園子根本無人看守，有的看守者或爲老嫗，或爲幼童，在這偏僻的山谷裏，他（她）們何曾見過一千多個七分不像人，三分倒像鬼的小像伙，排山倒海而來？早就嚇昏了頭，那裏還敢聲張！就連園裏的狗也被嚇的夾着尾巴，慌忙躲了起來。

現在當我一個人坐下來沉思的時候，我總是下意識地翻開案上的六法全書默默地唸着刑法第三百廿一條第一項第四款：「結夥三人以上而犯竊盜罪者，處六月以上五年以下有期徒刑。」還有第三百廿五條第一項：「意圖爲自己或第三人不法之所有，而搶奪他人之動產者，處六月以上五年以下有期徒刑。」我也曾不祇一次，在星月交輝之夜，仰視蒼穹，低聲禱告：「主耶穌啊！當我和我的同伴衝進那茂盛的葡萄園，偷吃了人家辛勤栽培的葡萄時，我已蹈入罪惡的深淵，主啊！我由衷地向你坦白承認，求你爲我擔當，並且赦免了我。主啊！打從亞當與夏娃偷吃了東方伊甸園裏的果子，人類便由骨子裏世世代代把罪惡遺傳下來，我們當年偷吃人家葡萄的事，不正是與生俱來的罪惡，再度顯現嗎？今夜我再一次向你伏首認罪，這樣的禱告，求主悅納，求主恩待！阿門！」

亞當與夏娃原本天眞無邪，赤裸裸毫無罪惡之可言，其所以偷吃伊甸園的果子，是他們接受了「比田野一切活物更狡猾」的蛇的教唆，何況那些果子是「好作食物，也悅人的眼目，且可喜愛的」。這就是亞當與夏娃所接觸的社會環境——充滿着薰心的利慾的環境。後來，當我在法庭判決一件不良少年的案件時，我總不肯對這原本赤裸裸的孩子，過分科以刑責，因爲供給他以犯罪環境的人，却比這幼稚的小被告罪孽更重。有誰追根究底過嗎？有誰像耶和華神一樣撇開亞當與夏娃先追究那狡猾的蛇呢？耶和華神却首先對蛇加以審判說：「你必受咒詛，比一切的牲畜野獸更甚。你必用肚子行走，終身吃土。我又要叫你和女人彼此爲仇，你的後裔和女人的後裔也彼此爲仇，女人的後裔要傷你的頭，你要傷他的脚跟」（舊約創世紀第三章第六節）。直到今天，這個正義的判決，還在人間嚴正的執行着。……

就這樣我們一路且偷且走，葡萄也要，初生的甘薯也要，青棗也要，嫩嫩的玉蜀黍也要。……依山穴居的農家眞是遇上了瘟神。當我們偷過隴縣地界，由固關開始攀登隴山，進入甘肅省的清水縣境時，地方保安部隊，已荷槍實彈，在我們經過的路上嚴陣以待。他們的情報是：匪徒約二千人，由鳳翔竄入隴縣西部山地，大肆搶掠，有向陝甘邊境之清水縣城竄擾模樣。天哪！我們手無寸鐵，又無縛雞之力，那堪貿稱大盜，我們祇不過是饑渴難耐的一群小野猪呀！誰要吃死野猪肉嗎？我們來路上的山窪裏不倒下了十幾頭？還未腐臭呢！去剝開吃罷！遲了就要被野狼拖去當晚餐啦！

在深山裏，我們朝行夜宿，一連幾天，都是上坡路，據說爬上山頂一共有四十五里路，恐怕是航空距離吧！怎地越來越遠？太陽剛一下山，路兩旁草叢裏便三五成群遊出長長短短的蛇來，黑的，紅的，綠的，不一而足。山林裏傳來幾聲貓頭鷹似哭似笑的怪叫與配着山谷回音的狼嗥，不由人毛骨悚然。大家立刻三十五十成堆揀一株大樹下的平地，圍攏起來，納頭愁坐，等待天明。「呱！呱！」撲喇喇驚起一群烏鴉，鳥糞由樹上劈頭而下，黑暗中用手一摸，鳥糞尚有餘溫，就在頸項間被一把抹開了。

「別聲張！狼來啦！」大孩子不准小孩子抖落鳥糞，在虛聲恫嚇着。好容易挨到天明，我們繼續向前爬行。

「到了！到了！」從山頂此起彼伏一路嚷下山來，走在前面的小朋友，大概是已登峰造極。

想起來媽媽要我坐的「轎子」，可能就在山那邊時，於是再鼓餘勇，攀藤附草，終於也到了這通稱「關山」之頂。山頂像一座馬鞍，馬鞍上馱着一座古廟，廟門口橫書「關聖帝君」。衙門坐得是漢壽亭侯關羽大將軍，一手捻鬚，一手持春秋一卷，左立美豐少年關平，手捧官印作打躬狀；右立虬髯黑臉大漢周倉，高擎着靑龍偃月刀，似在偷眼看春秋。

關羽，三國時山西解縣人，河南人稱他為「關爺」，塑像供奉，可以說無家無之。這個被羅貫中指為通緝犯的脚夫，想不到陝西人也像我們河南人一樣敬拜他。一張紅臉譜所代表的無非是忠義之氣，但以「神」來敬他，說這位山西籍的漢壽亭侯會成全婚姻，會醫治疾病，會保人發財，會保人貪了汚不被破案，顯然並無根據。如關羽果眞有靈又有「神通」，他接受附條件的「許願」，而後始顯「神通」，他本身便是貪汚犯，還有什麼神聖可言！

我也曾寫過一篇「談關公」鼓勵我的兒子。原文是：

一個星期天的上午，帶了大兒子逛街，偶然來到一座廟宇，進得廟來，但見中間坐着一位紅臉神，定睛一看，關公是也。

關公，姓關名羽字雲長，本字長生，河東（今山西省）解（今解縣）人。有人說他本不姓關，是個不良少年，父母把他關閉在後園空室，半夜裏啓窗越出，爲抱不平，犯了殺人罪，被政府通緝，行至潼關，於衞兵盤查姓名時，隨口指「關」爲姓，後遂不改（見清人梁章鉅著「歸田瑣記」）。把我們的關聖帝君，說成了甲級流氓。

不過，就臺灣省而言，關公是外省人，應無可辯之處。根據史籍考證，關公沒有學過一天道，也沒有念過一天經，死後竟成了神，不無原因。說穿了，還不是統治階層耍的政治把戲。關公之死，是被敵人俘擄後，砍了腦袋的。比耶穌釘在十字架上，還要慘酷。請看「通鑑」第六十八卷的記載：「關羽自知孤穹，乃西保麥城。孫權使誘之，羽僞降，立幡旗，爲象人於城上，因遁走，兵皆解散才十餘騎。權先使朱然、潘璋斷徑路。十二月，璋司馬馬忠獲羽及其子平於章鄉，斬之。」

關聖帝君原是大陸上無頭的怨魂，幾時渡海來臺，享起人間煙火來！最使我們感動的是多少善男信女，跪在地上，對這個原籍山西的外省紅臉大漢，竟沒有一絲一毫的地域觀念了。我轉過身來對大兒子說：「孩子！我們從大陸來臺，食於斯，居於斯，應該讓本省同胞，不把你當作外省人，能像關公一樣受人崇拜，你就成功了！」

仔細研究一下，關公年青時是一個不良少年，成年後也非常驕傲，「三國志」上就說他：「羽善待卒伍，而驕於士大夫」。他不但驕，而且器小、自大、嫉妒（見蜀志關羽本傳）。諸葛亮爲他傷透了腦筋。（見通鑑漢紀卷六十八，看不起黃忠而發脾氣，罵黃忠是老兵，劉備派費詩去勸解。）他被人擒去砍頭，就因爲過份驕傲自恃。

㊟關公生前的官職是漢壽亭侯。漢壽是個地名，亭侯是官階，因爲東漢侯位有縣侯、鄉侯、亭侯之分，他封在漢壽這個地方當亭侯，有人誤會「漢」字爲朝代，是大錯也。

關公既無博士學位，也未著書立說，後世代代加封，却是怪事！宋徽宗崇寧元年封他爲忠惠公，公比侯晉了一級。宋徽宗大觀二年改封爲武安王，王比公更升一級。到了明神宗萬曆十八年，居然加封爲「三界伏魔大帝神威遠震天尊關聖帝君」。稱帝，稱君，我都不反對，稱「聖」已嫌過火，萬曆以後，更稱「夫子」，簡直有點肉麻。不過此時此地，我仍不免爲這位驕傲的外省人感到驕傲！

回想起十來年法庭生活，雖然感到不滿意處甚多，但却無一絲愧疚，這是我差可告慰於此土此民者。

在關山裏幾天來我們祇知道上山路實在難走，沒想到下山路更難。跑酸了的雙腿，再被下山時一步一頓，關節處直同折斷了的藕，失了感覺，僅有一絲相連而已。

好容易下了山，又循着山谷，來到甘肅省淸水縣境的傅家堡外，但見地方保安部隊，戒備森嚴，不是對付我們這些手無寸鐵的娃兒，據說是正在進行剿匪戰。

陜甘邊區，叢山峻嶺，人烟稀少，而民性強悍，共匪把這裏當作溫床，回教民族中一部份土生土長的領袖，比我們家鄉的聯保主任還要威風，阿洪非僅爲教長，簡直是教皇。驕奢淫逸，作威作福，生殺予奪，目無法紀。他們有財富慾望，有政治野心，有武力儲備。代表中央權力的縣長，在他們眼中視若敝履，他們與盜匪簡直無從區別。民國廿七、八年間隴南回民大暴亂，中央調動陸軍兩師及騎兵一旅鎮壓，並曾出動飛機多架，往返俯衝轟炸其集中地多日。當時，我連方向猶且辨別不清，這場暴亂經過詳情報紙也未加登載，我也無從詳細追憶。

清水縣這場縣長剿匪戰，我們却是適逢其會，親目所見。

清水，古稱上邽，與稱爲下邽之陝西渭南，隔隴山相對。地方人士在西城門外，豎巨碑一塊，上刻斗大楷字：「軒轅黃帝故里」，似欠考據。不過相距幾十步處的另一塊石碑上所刻「漢後將軍趙充國故宅」，倒是實在的。趙充國的墓就在其故宅對面的山坡上，成爲清水縣古蹟之一。全城祇一條大街，厚厚的城牆，城門上高高的城樓，應是十六世紀的建築吧！四角懸掛鐵鈴，迎風叮噹。牛頭河循北城牆，向東而流，山洪一年年侵蝕着城外的高地。民國廿九年山洪冲塌了城牆西北角，有灌入城內之勢，城裏人鳴鑼集會，研討結果，一致公認是水怪作亂，需縣太爺親自往祭。於是由鉅紳率領民衆齊集縣政府大禮堂，苦苦哀求這位北京大學出身的縣長楊文泉（後來調任糧食部幫辦）順從民意。

雨已止，風已停，楊縣長穿着長袍馬褂站在牛頭河岸上，打躬作揖了一陣子，繼由壯漢多人，將一頭百十斤的肥猪扔下河中，那猪載浮載沉，順水而去，遠遠地還傳來幾聲不耐水性的慘叫。這一次山水總算沒有進城，因爲太陽已撥雲而出。

楊文泉是接方定中的任，剿匪戰是方定中的傑作。

土匪——事實上是强悍的國民，約三十餘人，這天偵知新到任的縣長祇帶了十來名保安隊，前來傅家堡一帶視察地方政情，當晚宿在鎮公所，土匪連夜把鎮公所圍了起來，第二天一早方縣長發覺已失自由，所幸電話線未被割斷，立即電令保安中隊派了兩個分隊，把傅家堡圍了起來，土匪們見事已擴大，遂傾巢而來，沿着兩邊山谷把圍堡的兩個分隊官兵又圍了起來。保安中隊部在城裏，縣長身陷重圍的事，本已知情，迨由鄰縣天水督察專員公署兼保安司令部派來大隊人馬，又把土匪給圍了起來。傅家堡形成了一個人造的花捲饃。方縣長是這個饃的心。

一連僵持了五天，保安隊恐縣長遭遇毒手，土匪群恐被一網打盡，各有所懼，誰也不肯放槍——事實上土匪有一半以上，手裏拿的仍是像三國時代關雲長所使用的長柄刀，無槍可放。

最後，方縣長派出衞士與土匪頭日談判了，結果是最外圍的保安隊先行撤退，讓最外圍的與圍鎮公所的土匪進入山區，土匪保證縣長的安全，不向鎮公所進攻。和議宣告成立。

夜幕初合，天上的星對着山谷在眨眼，土匪們啣枚疾走，遁入山區。

方縣長羞怒交加，緊接着一聲令下，集中兵力，把一座不太高大的山頭，圍了個水洩不通，連夜緊縮包圍圈，將約兩百名土匪驅上了山頂的一處碉堡，彈如雨下，消滅了大半，生擒數十名。翌明清點戰果，那些負傷的，赤膊露體的土匪，一個個被用麻繩串連起來，徒步押赴縣城。

「他媽的！什麼縣長嘛！有口無信！」倔强的土匪且罵且走。

「砰！砰！」五、六名土匪被騎在馬上殿後的方縣長，拔出手槍，一陣點射，當場結果了性命。

清水縣有一個縣司法處，縣長兼軍法官又兼檢察官，這一件盜匪案屬於刑事，無論依軍法或普通司法程序，縣長都應首先偵訊。一俟人犯到齊，已是黃昏時分，這天我們也跟隨保安隊進了城，小孩子家無不好奇心重，不知累的索性跟進了縣府大禮堂，看方縣長挑燈審案。

幾十名被告一齊牽上堂來，方縣長已正襟危坐禮堂中間，站庭的警察，走上前來，把桌上的硃砂錠在硯臺上磨了一會兒，退回原位。土匪中有幾個倔强着不肯下跪，有兩個是膝蓋受傷，跪不下來，其餘的早已匍匐在地。方縣長鎗法够準，祇見他在法庭位上站了起來，右手微揚，砰！砰！那幾個原先不肯跪下的，現在都躺下來了。躺在血泊中斷了氣，伸長了腿。眞遺憾，我們這些旁聽的，還不知死去被告的姓名哩！主審的法官恐怕也還未弄清楚吧！

這就是民國二十幾年前後中國司法的一個小小特寫鏡頭。距我在清水縣旁聽大審盜匪案已有二十多年了，但有人告訴我，某法院有一位警察經由檢定考試出身的推事金××，審理一件屬於簡易程序的傷害案，其作風大膽，直與清水縣的方縣長堪稱昆仲。

「你爲甚麼打人家？」這位警察出身的推事審問來自鄉下的一位農民被告。

「我沒有打他，他打我的，吹！這裡有傷！這裡也有傷！」

「我問你爲甚麼打他，不是問他打你！」

「吹！這裡也有傷！」

「別囉嗦！」法官第一次拍案。

「判官大人！我有證人……」

「囉嗦！」法官第二次拍案。

「我……」被告急於申辯。

「囉嗦！囉嗦！」法官第三次、第四次拍案。

通譯來不及把法官的山東腔翻譯過去，被告無從聽懂法官的話。

「拍案是表示激賞我的供詞嗎？」也許被告這樣想着。……

「我有醫院證明……」被告一秒鐘也不肯停。

「好啦！好啦！囉嗦！」法官未再拍第五下桌子，也許前幾下拍重了點手在發疼。

「蓋指印！蓋指印！」法官在催促着。法警抓住被告一隻手，醮進了印泥盒。然後在一張空白的筆錄用紙上，染上一個大姆指印。

「……」被告在嘟囔着，不知說些甚麼。

「不要講啦！」法官又吼起來。

「……」又是聽不清的咕嚕咕嚕的鄉下土話。

「不要講啦！去！去！去」法官揮揮手，就這樣算結案了嗎？旁聽席上的都在以口問心。

「……」被告已走出庭外，還在哇哩哇啦。鄉下人可也眞有牛勁兒。

「回來！回來！」法官命法警又把那多嘴的被告由法庭外邊追回來，在法庭中間站定。

「交三千元店保！無保收押！」天哪！刑事訴訟法上並沒有多嘴交保的規定呀！

那多嘴的被告，方欲發言，法警已由身後冷不防給上了手銬，推出庭外，帶往拘留所等候對保。他如眞的找不到商家來保，從今天起，便將失去自由，在看守所裡等待判決。當然他是一定會被判有罪的。否則法官先生不會連連拍案而怒，更不會把一個已走出法庭外的被告，喚回來交保。千差萬錯，祇怪被告嘵舌，實際案情如何？法官除劈頭問了一句：「你爲甚麼打人」外，並未調查足以論罪處刑的任何證據，當然誰也不淸楚，連那被告在內。

像「方縣長」型的推事，在臺灣不乏其人，所幸他們沒有配備手鎗罷了。

行政官兼理司法時代，隨着憲政的實施是過去了。但縣市長在刑事訴訟法裡卻仍然居於「司法警察官」的地位，司法警察官的職權是「協助檢察官偵查犯罪」（刑事訴訟法第二百廿九條），換句話說，縣市長有權審訊刑事涉嫌被告。這制度恐怕是我們的「傳統文化」——行政官兼立法（勅令及堂諭）、司法（包括民刑事）、考試（科舉）、監察（御史大夫）——其中一個染色體所起的遺傳現象吧！

方縣長後來一通電報拍給省主席谷正倫（曾任憲兵司令，嗣任糧食部長，可算文武全才）說是殲匪若干名，俘虜若干名，押解途中強暴脫逃格斃若干名，在押候訊若干名，備案了事。

方縣長猶如殺了幾隻猪，屠夫殺猪是按倒以後，從不問猪姓甚名誰，家住那裡的。

這場够刺激的官司，旁聽以後，竟致忘了多天來山地行軍的疲勞。回想起我們一路連偷帶搶人家果園的事，這羣小猪，誰也沒膽子敢多在縣府逗留，回到縣政府已經爲我們佈置好的宿舍——城隍廟，蜷伏在麥草堆裡，納頭便睡。

由清水繼續向西行進，目的地是大水城，「天政學生隊」云者，原來就是由設在甘肅省天水縣的第一軍政訓處收編的戰區失學兒童。因爲軍人作事，說幹就幹，從搶救、輸送到補給，並沒有整套計劃，因此，也就害苦了我們這群小猪。

生活在燈籠裡

渭水之湄，
關山之陽，
是伏羲的故里（相傳伏羲氏畫八卦於天水城北之畫卦台），
是黃帝的家鄉（水經注：軒轅谷水出南山軒轅溪，南安姚瞻以爲黃帝生於天水，在上邽城東
七十里軒轅谷是也。）
肇漢族五千年文明，
開中華九萬里邊疆。
我來自東，

負笈此方，
緬懷先賢，
追念前皇，
齊努力！
莫徬徨！
和平奮鬪，
自立自強。
擁三育以並進，
合文武而兼長。
擔當起抗戰建國的責任，
洋洋乎！爲國家民族之榮光。

每當旭日東昇，就在甘肅省天水縣城東郊外，那座破敗頹廢的造幣廠——隴南機器局內，弦歌不絕。

「天政學生隊」的布條被收回了，不知是誰的主意，造幣廠門前掛出另一塊巨幅布條，上寫着「隴豫公學」四個大字，公立？私立？小學？中學？路人爲之側目。隴豫也者，乃指由河南戰場上逃來甘肅的流亡學生而言。

造幣廠房倒屋塌，但規模極大，據說已廢置多年，連大門都沒有了。當年的廠房及辦公室內，如今野草叢生，蛛網遍結，陰森森的連膽小的牧童都不敢進來放牛。

民國以來隴南幾次回亂，這座造幣廠都曾成爲攻擊目標，造幣廠向西面是一個小型飛機場，飛機場西部邊緣處，便是天水城的東門。所以由東面進攻天水城，必先爭奪飛機場，爲爭奪飛機場必先爭取這成爲第一道屏障的造幣廠。磚牆上彈痕累累，頹垣下也還有「春閨夢裏人」的屍骸。

我被分配在北邊一列工房內，空空蕩蕩，似曾被用作馬廐，馬糞遍地，泥土堆成的馬槽猶在，屋頂被大砲炸成一處處天窗，我們沒有任何燈火，星月交輝之夜，從天窗裏我們還可仰臉計算蠕蠕而過的銀河星數。多虧這些砲彈炸開的天窗，我們因爲它在深夜裏有了一線光明。

由大個子領頭，大家赤手空拳推倒土製馬槽，沿着牆邊堆成一個四五尺寬的土台，略加平整，把每人分配到的六斤麥稭，在平均一磚半寬的面積上，攤好三斤，算作繡褥，其餘三斤暫時堆置一頭，那是我們的錦被。誰要能在屋沿下另外找到一塊磚來作爲枕頭，其餘的人便嘖嘖稱羨不已。

三餐飯仍然是每人一塊「三角板」，爐灶尙付闕如，造幣廠對面不遠處便是渭水上游，早上大家跑去河邊洗臉時，順便把水喝够，一天也就不大渴了。同隊有幾位成年人，祇見他們來往奔走，交頭接耳，不知談論些什麼，我想應該是有關我們生活的安置事。

一週過後，我們已不耐啃「三角板」喝渭河水了，渭河兩岸的菜園，首先被我們吃光了白菜心，十位八位小朋友，祇消有把小刀子，插進一顆白菜內，熟練而又輕巧地一轉，便可挖出一個既嫩且脆的菜心來，分而食之，其味無窮。儘管菜園的主人，大聲吼叫叱罵，趕走了這邊，又聚攏了那邊，趕走了那邊，又從這邊聚攏來。最後，所有的園主，索性連菜根也放棄了，而我們也毫不客氣地連根拔起一齊吃掉。

菜園吃光了，我們渡河到五里路遠的七星墩，又吃光了附近的果園，果園吃光了，我們又吃光了尙未十分成熟的甘薯，芝痲、黃豆。

野生物尙可以挖食的，要算是中藥甘草了。低矮的莖，好像初生的槐樹，遍地皆是。用手一拉，卽有丈餘黃色的根被拉出地面，我們像鼬鼠一般，漫山遍野在挖掘新的食糧。濕嫩的甘草，暫時滿足了我們的隆隆饑腸。

有不少小朋友在山野間採食野果時，方一入口咀嚼，立卽滿口鮮血，有的人雖多食亦無礙，那是巧合地吃了毛莨又同時吃了甘草的緣故。後來我查「本草綱目」，據載：「毛莨葉圓而光，有毒，人誤食之，狂亂如中風狀，或吐血，以甘草汁解之。」甘草能解毛莨毒，亦不幸中之幸也。神農氏嘗百草發明醫藥，想必也曾誤食毛莨而口吐過鮮血，史學家應該有這樣的「大膽假設」。

我們像一群逐水草而居的羊群，當吃完了這一處水草而仍無向另一處遊牧的計劃時，我們這群小羊張牙舞爪，具備了狼性。從早到晚，我們守候在造幣廠附近的川甘公路上，凡是過往汽車，無論客運或貨運，必須停下來接受我們三百兩百為一群的小強盜的檢查。如有可食之物，一哄而上，搶吃淨盡。萬一沒有可食之物，也必須長鳴喇叭三分鐘，然後放行。鳴喇叭不是我的主意，不知道是表示勝利還是洩憤。攔劫過往汽車的事，很快地傳到省政當局耳朵裏。

終於，甘肅省政府派社會處長楊集瀛先生前來安撫流亡。帶來了幾車白色土布和二十多位青年軍官——西北幹部訓練團出身的學生及教官。於是，整編隊伍為五個大隊，每大隊三中隊，每中隊三分隊，每分隊三班，每班十五人。加上第二批後到的「天政學生隊」，共計二千二百多人。此外，第二批還隨來了百十位教師。大門上「隴豫公學」的布招取下來了。代之以「甘肅省救濟災區流亡學生委員會」。當天早上剛一掛出，便被同學們撕個粉碎，因為我們不滿意「流亡學生」四個字。一個多月來，除掉死在關山谷裏的不算，僅是死在造幣廠裏的已有二百多人，我們不願輪「流」死「亡」。

「楊委員」——雖然他是主任委員，但我們已這樣習慣地稱呼他。在一次早晨的集會上他極為耐心地為我們解釋「流亡」的意義，他說：「流是孔夫子周遊列國的流，亡是晉文公重耳亡命國外的亡，日本軍閥使你們今天流亡到大後方來，你們應爲收復失地，打回老家而努力讀書，豈可把『流亡』兩個字忘掉！」今天，我又流亡到臺灣，誰爲我解釋一下，這算什麼「流」與什麼「亡」呢？

站在前排的兩個小朋友不知何事竟在楊委員講演中打起架來，一部份同學騷動了。楊委員走下他站立的木櫈，跑上去把打倒在地上的最小的一個抱了起來，這小鬼最多不過七歲。哭叫着伏在楊委員懷裏，緊抱着他的頸子。像一隻受傷的小猫，不！眞像是兒子見到了爸爸。楊委員一聲不響，若無其事地抱着這位小朋友，又走上了木櫈，繼續講下去。騷動平靜了，大家都爲楊委員的仁慈表現，感到親切而懊悔。去今已廿五年，我仍清楚地記牢着這一幕。

在廣場上，我們被按個子高矮分了等次，每一等次以一人爲標準，裁縫來量好了尺碼，楊委員把帶來的白粗布用煤屑染成灰黑色，每人有了一套不太合身的制服。接着，爐灶也有了，用松木製成的飯桶、菜桶、鍋蓋，雖然有令人發嘔的氣味，我們總算由「茹毛飲血」時代，進化到了熟食時代。

木工連夜爲我們每人趕製了一隻輕便的小木櫈，一塊三四平方尺的木板，由木板兩對角穿上一根棉繩，套上頸子，活像是火車站上賣零食的小販。木板向外的邊緣，釘上一條二三分寬的木條，以防板上的鉛筆或拍紙簿輕易滑下去。黑板也有了，還配着一幅活動木架。一本拍紙簿。要抄國文，要演算術，也要抄史地講義，還要畫圖畫。

分班測驗了，各人依據自己原有的學歷到教務處登記，然後測驗國文，算術及常識。我祇讀完了小學五年上期，這時竟自視甚高地冒充小學畢業，於是我獲准參加初中一年級測驗，初一共分甲、乙、丙、丁……壬、癸十班，每班約五、六十人，測驗結果，我榜示列第三名，就這樣我越過小學五下、六上、六下，而混進了初一。記得國文測驗題目是「我的志願」，我說我要立志作一個醫生，誰知道口是心非，居然十年法官下來，今天却成了「紹興師爺」。小時了了，大未必佳，其斯之謂乎？

這個以救濟流亡學生爲任務之委員會，是由黨、政、軍三方所組成的「三頭馬車」，而由社會處長主其事，既採委員制，事事便需要開會，有會議便有爭執，有爭執便有歧見、有歧見便有派系，就在派系傾軋之下，給我們帶來了更多苦難。醫療設備之欠缺，每天大家輪「流」死「亡」着。用門扇擡出去一個個瘦短的殭屍，掩埋在荒山亂塚間。談什麼裝殮，就是那套煤灰色制服，說什麼棺材，就是一個三尺深淺的土坑。從河邊找來一個大石頭，堆放墓前，還天眞地用毛筆寫上「某某之墓」作爲碑記。實際上是爲野狗作的記號——此處有一客可口的大菜，野狗啊！還不快來享用！

起初，我們還健在的這些「未亡人」，尚且觸景生情，哭泣一番，時日久了，掩埋的多了，也就沒有什麽畏懼和傷感。當墓坑挖好後，有人還笑迷迷地躺進去比一下長短深淺。疾病的狂飇一陣陣吹進這個人間的枉死城。以患白痢，赤痢及腥紅熱而死亡的爲最多。却始終沒有人爲我們來一次消毒或注射預防劑。委員會的大人先生仍在熱烈地傾軋着，黨、政兩方都在爭取軍方支持，我們小孩子却一致支持公認的「老奶奶」楊委員，因爲他時露笑容，日夜關心我們，他經常懷裏抱着一位瘦弱的小朋友。有時三、五成群跟在他屁股後面哼哼嚀嚀地撒嬌。他是家長，不是委員，他是眞正的教育家，不是學閥也不是政客。屈指算來，他老人家應已作古，但他却仍活在我心裏。

一天傍晚，我們對所有反對楊委員的委員與隊長，展開一次毫無保留的痛擊，拳頭雖小，怎奈人多氣盛，非但趕走了那些敗類，而且犂庭掃穴，把他們的宿舍也來了一次徹底破壞。我們的「老奶奶」終獲鴻猷大展。幾經奔走，又在天水城內各中、小學校聘來幾十位各科教員，楊委員一位在北平燕京大學讀三年級的女婿溫敬守先生，也趕回來擔任教務主任，排出了一般學校的課程表。時已隆冬，我們抬着黑板，在院落裡，在造幣廠外到處追尋向陽的地方，然後放下小櫈子團攏來，靜聽老師講課。委員會不久又發給每人一套灰色棉衣。伙食也改善多了，每日三餐，全吃機製麵粉，有菜有肉。中醫、西醫均已聘來，天主教會的外籍修女，還經常爲我們免費診治，一切進入了常規。甘肅省教育廳長鄭通和先生於二十八年春前來視察後，建議教育部獲准改制爲

「國立甘肅第二中學」，遷移到清水縣去。

當我們整裝離開天水造幣廠，出發到清水前，把睡眠過數月由馬槽改築的土臺拆毀，在土臺下赫然掘出幾具成人骸骨，那是不知那一年，那一次戰爭中，殉職在馬廐的戰士。我們初來時因陋就簡，未加注意，就在倒坍了的馬槽上設置了床舖，誰知這床舖竟是墳場！

楊委員率領我們到山上的墓地裡，向那數百位躺着的小伙伴告別。墓前大石頭上用毛筆寫下的姓名，早已被雨水洗刷乾淨，那位是「小呼蘭兒」？那位是「小狗兒」？已難分辨得清。不禁悲從中來，荒山上響起了一片哭聲。別了！安息着的小朋友們！

經過二天步行，我們又來到清水城，新的校址設在城裏的文廟及毗連的關帝廟，還有城外的保安隊營房內。整修期間，一部份暫住在城隍廟及縣黨部會議室。文廟兩廊的「賢人」偶像，大成殿裡的孔子牌位，關帝廟內的大神小鬼，都被清掃出去，關雲長的威靈已不知何在，「孔家店」在形式上也被打倒。

似乎不到一個月，教育部令改國立甘肅第二中學為「國立第十中學」，派美國哈佛大學變態心理學博士許逢熙先生為校長，許氏河南魯山人，曾任河南大學教務長，矮而又胖，與楊集瀛先生有着同樣的慈祥，但却比楊先生有更豐富的學識，一口河南鄉音，我們眞的有了家長。

許校長因為曾任國立河南大學的教務長，所以他帶來的百十位老師，幾乎全為河大的畢業生或教授。他並不存門第之見，而是在「三專主義」下惟才是用。所謂「三專主義」，是遴聘教員的三個條件，第一要專業——以辦教育爲職志，第二要專任——不得兼任其他工作，第三要專科——學甚麼就教甚麼。學校經費充裕，膳食非但改善甚多，每人還加發了一件黑色斜紋布大衣。學校有免費理髮室，不到兩月工夫，我們從裡到外，被改變成二千多位既白又胖的小娃娃。可見「教」與「養」在教育上應相輔爲用的，尤其是教育少年或兒童。如今翻出當年的照片看看，恍如隔世。

河南焦作工學院，因戰事影響，把一大批圖書捐贈給國立十中，學校由西安也購到足够的教科書，免費發給學生應用，體育器材配合着運動場的擴建，日見充實。到大後方逃難的教授、學者被許校長約集不少，像作家萬曼，畫家楊默等在初中一年級生的課堂上，經常爲我們談論着與徐志摩、趙元任、徐伯鴻間的交往。北大出身的魏士冕先生及燕京大學出身的溫敬守先生先後教我英文，清華出身的孫誠先生教公民，許校長則教我國文。其他各班老師，也都是國內有名大學的教授或講師，他們都在日本皇軍炮火下帶了妻子兒女爲避難而來。

學校特別爲老師的子女及一部份同學，成立了三個小學部及兩個初中部，加上人數最多的兩個初中部及一個人數最少的師範部，眞是洋洋大觀。先來的河大畢業生，都降到小學部教書了。讀書風氣，一時高張。不過，我們的教室却都是像糊好的大燈籠，幾根木柱撐起一個菅草頂，四壁以廟桿編成方格，用甘肅人以廡爲質料作的白紙糊起來。晚自修時，每人一盞菜油燈，在這數百個大燈籠裡，照耀的通明。鴉雀無聲，默默而讀，級任導師一旁陪坐着，直到號兵吹起晚點名的號聲。點名後，在校歌聲裡各自就寢。

國立十中，
燦爛渭隴，
叢山竹屋，
救多少戰區裡失學兒童。
烽烟裡飛奔前進，
斬荊地慘淡經營，
化雨春風，弦歌樂融融，
看！
充國的英勇，軒轅的威靈，
同學起來！
起來歡呼萬歲！
萬歲！
祝我十中萬萬歲！

塑了個怪偶像

在白紙糊成的教室裏，我實際上也是一張白紙，任憑老師的畫筆在上面東塗西抹。不過，也有時候畫筆塗過了，却什麼都未留下。

求知慾隨着身體的發育，日見增長。何況國立十中那種新生澎湃的讀書風氣，認眞而又新穎的教學方法，在這窮鄉僻壤，叢山環抱的古城裏，環境又是那樣樸實單純，許校長曾不止一次地放聲高呼：「孩子們！努力用功呀！用功不會致人於死命的！」這裏所說的「用功」，是讓學生自動、自發，把已教授過的功課，複習再複習，融通貫徹，而至變化應用。絕不是今天臺灣流行着的塡鴨式的「惡性補習」——時間分配上由不得學生，課程份量上由不得學生，金錢負擔上則由不得學生家長。

考試，我想應是每一個學生都不大受用的制度，但它確有督促學生把某一段落的課程作通盤複習的作用，但如考前老師徇學生要求先劃定了範圍，在某一範圍內出四個或五個題目，有三個碰巧，便可及格。一班四五十人，一個老師監考，稍一左顧右盼或交頭接耳，或捎帶夾帶，或打個 Pass，卽便不加準備，無不可以弄個六十分。如監考老師再來個裝聾賣啞，爲表示自己教的學生成績優異，索性讓大家搬出書來照抄，也是有的。

國立十中却不然，許校長的辦法是無論月考或期考，把四個不同班級的學生，混編之後，再以交叉式分配至四個教室去，四個班級所考試之課目，又不相同，讓你前後左右都非同班同學，要考試的那門功課的課本及筆記，在發卷前一律繳送講臺桌上，由監考老師按名次一一驗收，我們叫這個辦法爲「堅壁清野」。

每一課程依每學期所佔鐘點多少，在學期開始時便排好了考試時間，譬如國文課每週四小時，兩小時敎課本，兩小時爲作文，一學期有三次月考。公民課每週祇一小時，一學期祇有一次「月考」。（事實上應稱爲期中考，但月考已成期考以外之專有名詞，通常仍沿用着。）學期終了，再來一次期考（通稱大考）。

「老師！期考有沒有範圍？」同學們也曾這樣問。

「有！封面封底不考！」這是所有十中老師的口頭禪。

因為我從五上越級跳升至初一，年齡與學歷自不相當，年級最小的男同學共有十六人，與廿七位女同學編成丙班，我又是同班男同學中最小的一位，三年初中學程都坐第一排。初三時候，在菜油燈下，我以七個月時間讀完了沈方巾老師借給我的三本戊種（最小者）「辭源」，邊讀邊抄，太專門而冷僻的詞彙撇開不讀，能以應用而且常見之詞彙不抄，七個月來，我竟有了一本自己擇錄的戊種以外的己種「辭源」，眼睛也就近視了。直到高中一年級，因為我已長成一副瘦削的長人，被分配到第六排時，才發覺非擠起眼來，已不能看清楚黑板上的粉筆字。

高一那年暑假，有人要到西安去，教英文的王子珍老師，在一個月色明朗的夜裏勸我配一副近視眼鏡戴，一面說一面遞過來他那副二百五十度的眼鏡來，我方一架上鼻樑，便驚叫起來：「啊！原來天上有這麼多星！」眼鏡矯正了我的短視，也擴大了我的視界。於是，決定託人也帶一副二百五十度的眼鏡回來。沒想到王老師祇給我一分鐘的試戴時間，並非正確的驗光，實際上我可能祇有一百五十度或二百度，二百五十度的鏡子害得我像瞎子過河一樣，跳了三個月的坑，上了三個月的坡，而後才踏上平坦之路。雖未見過有人「削足適履」，我確眞曾「挖眼適鏡」了。

不僅在外貌上我已知道開始修飾裝點自己，在心靈上我也已開始追尋一個偶像。一筆一劃，把這個偶像描成後，管它起個名字叫做「武陵溪」。

當我讀完了希特勒的「我的奮鬪」，儘管他是一個大獨裁者，我想我應該有着他那樣的剛毅、勇敢。

當我讀完了「甘地傳」，我想我應該有着甘地那樣的刻苦精神。

當我讀完了「奧德賽」，我想我應該有着像荷馬一樣詩人的氣質。

當我知道莫索里尼從威尼斯橋下偷鷄爲活，在破廟裏利用一張三條腿的桌子寫文章投稿而漸次成名時，我想我也該磨練一下文字。

那個聾子報販愛廸生居然在電學上有了重大發明，我想我應該有個科學家的頭腦。

那個拿起腐儒帽子撒尿的泗上亭長劉季，居然成了大一統國家的開國皇帝。我想帶點粗獷，也許更能表現出一個男人特有的個性。

那個桃園結義的故事，使我在淸水西關外一家「東來順」的小館子後院內，燃起香燭，結拜了十位「有福同享，有患同當」的弟兄。就靠我們十個人的齊心合力，在中國政壇上要有所作爲——這是多麼野心勃勃的不知天高地厚！

「施公案」裏的施不全，「包公案」裏的包文正，甚至連「水滸傳」裏的宋江，我都揣摩過他們的處事爲人，當然能像姜子牙在「封神榜」裏的呼風喚雨，或濟公活佛的點石成金，那該多好！

當讀到馬爾騰博士在一本世界偉人成功秘訣之分析一書中，提到成功了的偉人都帶着三兩分女性，如甘地會紡棉花等類事實。我也曾把廉價的雪花膏偷偷地死命向臉上塗抹。後來同學們發現了，說我是在向女同學打主意，那是寃枉話！他們那裏知道我正在塑造一個偉人的偶像！

看啊！一個油頭粉面，濃眉大眼，架着一副近視眼鏡，忽而粗聲粗氣，忽而踉蹌其步，飄然若仙，他說他是詩人；昂首、濶步，神氣十足，他像一個「坐轎子」的人；箭袖短靠，身藏暗器，滿口科學道理，而手却在掐訣唸咒，不知是個妖道，還是大俠？年不過一十六歲，看他皮肉不笑的嘴臉，却像一個六十歲的老奸巨滑。演話劇，他本是正派小生，却在一次公演「洛陽曲子」時，反串王寶釧，因爲極不自然的扭屁股，被觀衆喝盡了倒彩！這是我中學時代的塑像！這個偶像直到高中二年級，才被我，脚踢翻，狠狠地罵了聲：「荒唐！」

母親由家鄉來信，仍頻頻以「繙子」爲念。這時候「福爾摩斯」先生正緊緊地盯着我，在暗地輕聲呼喚要我參與他的工作，中國沒有這一行業，祇有警察的職掌與他相近，但警察却無權直接處置一個作奸犯科的人，聽說要送到法院才能論罪科刑。

我開始對「法院」兩字有了興趣，在天小我曾到地方法院門前蹓躂過。當我發現科處被告罪刑的人，其職稱叫「推事」時，我又失望了。推事，推個什麼事？如能在「推事」二字下加上一個「官」字成爲推事官，或加個「長」字，成爲推事長，還像是「坐轎子」的身份，要是派我作推事，回到河南家鄉怕不給父老們笑死！豈祇母親不會開心而已。推事！推事！管推磨事的磨倌吧！我寧可作推事手下的「書記官」或「書記官長」！後來，在清水還發現有個縣司法處，與天水地方法院的職掌相同，但主其事者稱「審判官」，這回我可樂了，既審問之，而判決之，誰敢說我不是「官」？於是決心超着審判官這個崗位前進！縣司法處的張桓審判官在我高三那年，學校聘他擔任我們公民課，採用的正中書局課本，全部是法學概論，對法律我有了初步認識，也有了莫大的興緻。但對「推事」一詞，在我擔任十年以後，仍然認爲不妥，不久以前，我曾經依據史籍及現行法，寫過一篇「推事閒話」：

「推事」之名，源自宋代，隸屬於大理寺，稱左推事、右推事。推，度也，管子海王篇：「受人之事，以重相推」，即揣摹度量之意。事，事物也。由此說來，今日職司衡平之責者，顧名思義，豈不僅僅成了鑽牛角尖兒的官吏？推事最重要之職權，在於裁判，初非將事理推研究清楚而已。

左右推事云者，上溯秦、漢，咸稱廷尉。廷尉，尙分廷尉平、廷尉正、廷尉監。平；正、監各分左右，曰左平、右平；左正、右正；左監、右監，至隋而廢。北齊改稱大理卿，歷代因之。

「推事」一詞，見於現行法規最多者，有民事訴訟法（民國廿四年二月一日公布），刑事訴法（民國廿四年一月一日公布），然中華民國憲法（民國卅六年一月一日公布）爲一切法律之訟根本法，又稱爲母法，民、刑事訴訟法應爲憲法之子法，可惜，當兒子降生時，母親尚未出生，論身份憲法應爲民、刑事訴訟法之庶母或後母。其親生母則爲中華民國訓政時期約法（民國二十年六月一日公布），如今已成法制史上一個名詞了。不管約法也好，憲法也好，推事之稱謂，非母（法）命名，而爲子（法）口命。

「推事」與「推四」諧音，如更配上「拖三」便成了「一推了事」，或因循苟且，雅頗不聽。憲法稱負獨立審判之責者爲「法官」，大法官解釋法官卽推事，言談間推事與檢察官並提時，稱「司法官」；與書記官、執達員、法警、庭丁並提時，稱「司法人員」。如同銀行裏的大小職員，概稱「行員」一樣。我認爲以「法官」代推事，仍嫌未妥，蓋法者法律，演繹開來，推事豈非「法律官」了？（按軍事機關有法律官之設。）法律爲一個名詞，爲一種事物，不足以稱官，否則鳳梨公司公營時，公司負責人豈不也可稱「鳳梨官」，此外諸如「鈔票官」、「銅官」、「金官」、「麪粉官」、「水泥官」、「水肥官」……等，均以其業務對象稱官，又近諸謔。

日本人據臺期間，把推事與城隍廟的「神」同稱「判官」，而在其本國則稱「判事」，殖民主義精神，可見一般。我國現行法律，對縣司法處的推事則稱「審判官」，審究事實，據法裁判之官，頗合實際，較之審鬼不審人之「判官」聽來，更覺順耳，但仍嫌含有高壓意味，雅不足取。

如將「推事」正式改稱「司法官」，似尚順應時代潮流，蓋法爲民意機關所制定，官爲民僕，主人交代僕人承辦事務，通稱爲「司」，如爲主人看守門戶之「司閽」；爲主人管錢財之「司庫」；爲主人讚禮之「司儀」；爲主人抄繕文件之「司書」等。何況「司法官」之稱謂，尚屬唐、宋以來之國粹，在府稱法曹參軍，在州稱司法參軍，在縣稱司法，至元始廢。左推事、右推事則都是皇帝身邊執法的官，爲配合星象，把皇帝喻爲紫微星，居三垣之中，周圍諸星稱東蕃、西蕃、南蕃、北蕃，寓蕃籬屏障之意。南蕃有二星，東邊那顆星叫「左執法」，西邊那顆星叫「右執法」。宋代改「執法」爲「推事」，改得並不高明，「司」，與「執」同意，今如能改推事爲「司法官」，更能符合我國固有文化，豈僅時髦哉！

法院院長比推事「大」，這是世俗的看法，「於法不合」。查法院組織法第十一條：「地方法院置院長一人，由推事兼任……。」第十八條：「高等法院置院長一人，由簡任推事兼任……。」如此看來，不是院長兼推事，而是推事兼院長。副總統比行政院院長「大」，故陳誠副總統又稱陳兼院長，嚴家淦副總統又稱嚴兼院長。如科長因病請假，由科員行使科長職權時，稱爲某科員「代科長」，而非「兼科長」。兼，必本職大於所兼之職，代，必本職小於所代之職，法院院長既出推事兼任，推事實「大」於院長。實際上，推事向院長有所請，須簽呈「鈞座」，院長客氣點，才稱推事爲「老兄」，如板起面孔打官腔，仍然是東一道「令」，西一道「令」。此筆混亂局面，怪在子(法)先母（法）而生，而立法機關又不肯把先生之子（法），徹頭徹尾來個大清查！

拜上推事諸公，恕我冒昧，切勿聽說「閒話」！

檢察官的職稱上雖有一個「官」字，但我從來看不起檢察官，我在「檢察官閒話」文中寫道：檢察官，算得上所有公務員中最使人難以瞭解的官。誰都把檢察官稱「法官」，但大法官會議解釋他不是法官，惟有推事才配稱法官。

檢察官辦公機關的招牌是某某地方（或高等）法院檢察處，但這裡的「處」，卻無法律（命令除外）的根據。這處裡面，既無處長，也無處主任，却安置了一位首席檢察官。其實檢察官偵辦案件並不採合議制，首席也者，表面上看去，好像是檢察官合議時坐在第一把椅子上的人。

檢察處的大印上不但沒有「處」，而且也沒有「首席」，機關名稱與印信不符，寧非怪事！十多年前臺南高分院檢察處一位檢察官與首席不睦，取用大印自蓋文書，首席出而攔阻，該檢察官理直氣壯地說：「我是本院檢察官，大印上並無首席二字，你用得，我爲什麼用不得！」

首席為之語塞。

檢察官既為官類之一種，推事在決判書上則稱其為「公訴人」，刑事訴訟法且把檢察官、自訴人與被告合稱「當事人」。但檢察官畢竟是原告，而在法庭上竟與推事並坐，相對立場的被告卻站在下面，打起官司來，令人不免有「一面倒」的感覺。司法行政部早有計劃把檢察官的席位撤下來，與被告律師席位相對而設，極為合理，卻遲不施行。

在美國，檢察長以下，祇有國家律師，而沒有隨便押人的檢察官。檢察官要想押人，應向推事（Judge）請求批可。查遍所有英文文獻，西方國家都對我們所稱的檢察官（Procurator），解釋為「公訴人」或「訴訟代理人」。以韋氏大字典為例，其解釋 Procurator 謂：「One who manages another's afairs（一個為他人料理事務的人）；One who having a power of procuration（一個有代理權的人）。」

檢察一詞，源自金人入主中國之前，金人置京東、京西、京南三路檢察司，他們的職務是：「掌檢察支散軍糧，驗軍戶實給，均軍戶差役。勸農種，毋犯私殺馬牛、私鹽、酒、麴。」這樣的檢察官，有點像今天的兵役處，屠宰管理員與游動查緝組。

檢察官最重要的職責為自動檢舉犯罪，事實上自動檢舉的遠比警察機關移送的少之又少。根究其因，美國的國家律師（或稱檢察官）有能雙手開槍者，我們的檢察官會騎腳踏車的，為數也不多。小偷已進步到用輛車運送贓物，讓檢察官騎着脚踏車追趕檢擧，如何能趕得上？何況上了年紀的（尤其二審法院）檢察官，活了半輩子，壓根兒還不會騎脚踏車哩！

法官的職務，雖不賞善，但却罰惡，又有福爾摩斯那樣够刺激的生活。政治學者有謂國家是個有機體，那麼法官却恰如有機體內的白血球。

披上一襲藍邊無領黑衫，高高地坐在法臺上，背後豎着一面巨幅國旗，漫條斯理，心平氣和，讓有理者說理，有寃者伸寃。什何詭辯都逃不過比所羅門王更敏銳的眼光，權勢財帛都不足以使其動容，雖僅握着一支禿筆，但已足以將盜匪、煙毒、保丁、聯保主任，及類似執鞭打人的衞隊之流，一掃而光。高貴的氣質，超人的智慧，豐富的執法經驗與學識，堅苦卓絕的情操，無懈可擊的談吐，如有神助的筆觸，不苟言笑的意態……，在我心田裏，又塑成了一具新的偶像。

當人們要解釋「正義」與「公理」的涵義時，都異口同聲地指着這個偶像說：「喏！就是這個！」

二十年後，這偶像被一些靠抄襲法學著作而送審「合格」，因而取得法官資格的人，在另一些經常以美金爲賭注的法官家裏，作爲議題了。他們一致說：「這實在是一具怪偶像！」但我却捨不得同樣地踹上一脚，狠狠地再駡：「荒唐！」

力的尋求

人與物充實了這樣子的世界，人與物之外又有所謂「能」，所謂「力」。但我總認爲人享用了物，或物因人之施爲，其具體的表現，還祇是力。力的消長、激蕩，在人的社會裏便區分出富與貴，貧與賤，權利與義務，勝利與失敗，王道與霸道，强權與公理……。

當强權到了極致，强權便也成了公理，Might is right，古今中外都是一樣。任憑誰譏諷我吧！我由修身、齊家、治國、平天下順序想起，想來想去，還祇歸結爲一個力字。

中西大哲，亂嚷嚷把我擾昏了頭，說什麼宇宙是火，說什麼宇宙是水，說什麼宇宙是數，是金、木、水、火、土之生尅，一元，二元，相對，唯心，唯物，還有人附添了一個唯生。假若允我也梭哈一番，從今天直到最後一次呼吸爲止，我附添的將是一個唯力。

經過一段很長時間的會議，我們十個不同年、不同月、不同日生的異姓弟兄，在力的結合下，決心共同尋求更大的力，爲了力的尋求，我們寧可同年、同月、同日死。我們每一個人都深切瞭解「孤掌難鳴」的正確涵義。

大哥侯錫智，洛陽人氏，因爲他有着其同鄉張儀、蘇秦般的口才與機智，我們尊他爲「鬼谷先生」，事實上他比二哥高恒協還小三歲，但爲了他便於領導起見，大哥應有的發號施令以及最後決定權，都集中在他一個人。

十弟張宗明係富豪之子，雖然比我們其餘九位同級的兄長低兩班——初中一年級，但他有源源而來的郵政滙票與一揮千金的豪氣，我們在大哥的老謀深算下，也容納了他。

「你天分較高，也有從事政治工作的決心，你必須在高中二年級就打入中央政治學校，爲四哥（吉天順）及我帶一條路。」大哥侯錫智在初中三下時便已吩咐我。

「因爲中央政校校長是蔣委員長兼任，我們應接近他信仰他。我同你四哥（吉天順），高中畢了業隨後跟來，你的責任是舖路。」大哥進一步分析我的任務。

「是！大哥！」

「別大意！初中本校十二班以會考方式升高中，據說要淘汰四分之三，你敢保能考取本校高中？」

「大哥！我立軍令狀，倘若考取高中而名次在前十名以下，我仍將西去青海牧羊，永不回見大哥！」我挺起胸膛自負地用手拍着。

高中放榜了，我在八百多位同學競爭下，錄取一百卅五位中名列第六。二哥高恒協個性剛强，說一不二，一氣之下，回到河南戰區，在其家鄉登封嵩山敵後，參加了游擊隊，日本皇軍僅是被他用鐮刀砍死的也有一二十個。抗戰勝利復員，我拿着「校長蔣中正」的路證，由四川回家，高二哥接我到嵩山裏足足爲我說了四十天殺日本人的故事，眞是驚險萬狀，多虧他一面從事游擊戰，一面還自修高中課程，他決心當我由政校出來撈到一個縣份時，爲武縣長辦一個好團隊。我却勸他到西安去參加國立蘭州大學（由國立甘肅學院改制）考試，該校新任教務長段子美先生，對我早已賞識，民國卅四年蘭大西安區招生時，段先生邀我由河南專程到西安協助他辦理招生事宜。高二哥後來雖然落榜，但經我一再懇求，段先生還是讓他入了學。二哥的獨生女妮子，就在他入學前抱來我家，認了個尚無乾媽的「縣長乾爹」。他讀的俄文系，他說想在新疆幹對俄貿易。如他果已如願想必早已賠光了老本，中國共產黨對俄貿易，不是連國家都賠上了嗎？

三哥秦彩絢，是個紅臉漢，濃眉大眼，聲若洪鐘，高中落榜後，羞愧地連告別一聲都沒有，悄悄去了陝西王曲考取了中央軍官學校第七分校。勝利復員後，他以中尉連長職份駐軍徐州，通過幾次信，便斷絕了消息，後來在沂蒙山區，捐軀在中國人的砲火下，我們未死的九位弟兄，雖然分散在天南地北，但在心靈上曾共同學行了一次無形的追悼會。

高中開課了，十弟兄祇剩下八位，一位仍在初中二年級。在侯大哥主持下，我們設計出一張「唯力成功論」的圖解，人人死記住一個屬於我們的成功定律：立一個目標，從目標到你跟前，劃分出若干小段，用你最大的分量，完成最靠近你的一段。那圖解如下：

唯力成功論
- 體力——運動員的體魄
  - 自我鍛鍊
  - 食物營養
  - 藥物滋補
  - 以智力引導
  - 以財力支持
- 智力——哲學家的智慧
  - 學而得之
  - 困而知之
  - 以體力吸收
  - 以財力培養
- 財力——企業家的資本
  - 開源節流
  - 勤勞工作
  - 以智力擘劃
  - 以體力賺取

（持之以恒）

由於數學老師楊建三先生之死，我們對成功之第一要素在「體力」一節，已無絲毫可疑之處。中學生腦筋裏的「成功」，當然祇是顯達而已，對不作大官而能作大事的說法，我們沒有一個人肯信。讀秦漢史，看屠夫、走卒、竊賊、負販但憑一身蠻勁兒，便可爲公侯，爲將相，年青、聰明極富進取心的楊老師，死年纔廿六歲。他是在一個中秋節的晚上，吃過了八成熟的水餃，又吃了些月餅，不知怎地，第二天早晨竟未見起床，校工啓門而入，才發現楊老師已屍體冰冷。楊老師力斥稱高等代數爲「大代數」的人爲不學無術。代數何能分大小！高等與初級之分罷了。像這樣有智慧有理想的人，竟因體質羸弱，不獲天年。檢點他的衣箱，尚積有一筆爲數不太少的薪金。這是一個現成的實例，證明了我們列體力爲成功之第一要素，是正確的。今之力道山，喬路易僅憑那副發達的四肢，竟然亦能揚名國際。

「四肢發達，頭腦簡單」爲非洲野人的寫照，他們至今仍受着頭腦複雜者的剝削，統治，心智實爲成功之另一要素，勞心者役人，勞力者役于人。大學教授命定的不踏三輪車，我們也沒有聽說或見過卸任的縣市長，改組後的省政府，有誰是離開辦公室去踏三輪車的。那怕他曾爲五日的京兆，壽終正寢之後，訃聞與墓誌上，仍冠着「前京兆尹某某」職銜。三輪車夫之死，從未見報上有登訃聞的，勞心與勞力之不同在此。當然財力之厚薄，也與喪葬場面之大小有關。

財力如雄厚到可稱「大王」，體力、智力之有無，於顯達便無多大作用。請看今日有錢財的人，不輕而易舉地平步青雲了嗎？其實這般人有不少是「四肢發達、頭腦簡單」之輩。

秦漢以後的科舉制度，使多少寒士貴而後富，迄至滿清，有錢人家還可以「捐」個官兒作。「貴而富」又演進爲「富而貴」了。今日是民主憲政時代，也可說是選舉時代，常聞有出馬競選縣市長者，總愛逢人說錢，錢，錢，弦外之音，似乎競選之事，非錢莫辦。這種「富而貴」思想，對地方自治之推行，爲害尚在其次，最壞在「貴而富」。賣掉老婆褲子，高利貸款，四出奔營，爭取提名，拉攏選民，在在以銀彈取勝，一旦當選，又千方百計，收回成本，甚至一本萬利，地方自治本身被看成了貨幣——交易之中準，還談什麼政績？

西洋人從政，總以爲應先有經濟基礎，至少不借貸印傳單的錢。走馬上任之初，又不惜發表財產現狀，以昭大信。東方人可以「鴻鸞禧」裏的莫稽爲例，昨天一文不名，叫化度生；今天金榜有名，袍帶加身，便作威作福起來。所費的當然是民脂民膏，絕非當年叫化所得。從前新官上任，首先是命庶務修繕官邸，裝璜宿舍，飲食服用，惟美是競，生活水準立刻提高了。接着緊縮辦公費用，尅扣員工福利，假機關之名，爲自己買一輛小包車。站在納稅人立場來說，又何嘗不是老百姓的血汗錢？我們難得見幾多官員，克勤克儉、在人民面前略帶一些公僕氣質。這種作風，實際上仍是富貴觀念在作祟。我們十個異姓弟兄所以不止要有健强的體魄，或相當的財富，我們還要有足够的智慧來運用體力，支配財富，讓智慧、體魄、財富之適切配合，化爲所向無敵的力量。隨心所欲，完成我們崇高而遠大的理想。

抗戰已是第五個年頭，日本軍閥的兇燄正是顛峰狀態，無論是最前方或大後方，同胞們的生活負擔，也已是最艱苦的時候。國立中學，一粥一飯，莫非人民的血汗。雖然由公費供給制度改為貸金制度，但由國庫直接開支一節，並無不同。貸金申請書上，白紙黑字記明「抗戰勝利後十年內攤還」，如今將近二十年了，政府並不曾向我索討分文，我縱有意歸還，恐怕教育部的會計賬簿上沒有這項科目吧！在改公費為貸金那年，曾有不少同學，為恐零貸整還，連累家長傾家蕩產而中途退學。我却堅信這是政府鼓勵學生上進的一種手段，暗示勿為混食蟲，今日吃進去的，將來還要吐出來。萬一學生為改善伙食而有所要求，學校當局可以「你們祇申請貸給這一點錢呀！」來作擋箭牌。

物價指數越來越高，貸金數額一成不變，於是白饅頭（小麥）變成了黃饅頭（玉米）、黑饅頭（豆類）與紅饅頭（高粱）。我們的紅臉龐也跟着變成黃顏色及青顏色，繼任校長高維昌之假統一採買而尅克貸金，賺取回扣，則又使黃臉更黃，青臉更青。上中同學該不會忘記「三黃政策」——黃饃、黃湯、黃豆芽。饃用全部玉米粉和水壓成平板，切作肥皂形狀，蒸而食之，味同啃泥。玉米粉煮成薄粥，黃豆芽加水及鹽煮熟後，每人至多分到十根，連半個油花也找不到。不吃吧！難耐饑腸隆隆，吃下去吧！半小時後，好像是喝足了硫酸。然而高校長還昧着良心說那是玉米裏特別豐富的維他命甲所發生的正常作用。

根據「唯力成功論」圖解，我們的體力既有損傷，就必須運用智力、財力來加以改善。首先，我在清水縣田賦糧食管理處找到一份差事，每日課餘，前往設在清水公園的該處，抄寫圖坵，每行給酬三分錢。接着，我又報考「西京日報」特約記者，倖亦中式，經常寫點通訊稿件，除有一份免費報紙由千餘里外的西安按日收讀，還有並不算多的稿費。全部收入，提交侯大哥統一支配，十弟兄得天獨厚，不時在回教館子裏圍攏來分食半副牛肉肝，或在一個多霧的早晨，齊集豆腐店裏，每人來半斤熱嫩可口的白豆腐。

因爲我有記者身份，縣長方定中，公安局長勝多奎對我都特別垂青。國民黨縣黨部書記長宋世鈞也邀我主編一份石印週報——「清水週報」的副刋，取名「隴風」，每月也有代價，祗因爲數過微，我壓根沒有放在心上，如今也就難以記起。清水城內如果要設立記者公會，我是理事長應無問題，因爲會員也祇我一人。

侯大哥確有其主持「忠義堂」的獨到本領，眼見我因拚上體力，爭取財力而兼職過多，生怕影響了即將以同等學力投考中央政校的成績，在一個月朗星稀的晚上，熄燈號響後，我們遛至大操場的一角，圍隴來商談如何加强財力？

「七弟！你不能再這樣勞累下去！」大哥指着我說。

「我已覺得在這樣艱苦的生活下，無法讀下去了！況七弟明年暑假赴西安考政校的路費，爲數不少，也該早作準備，家鄉已經淪陷，靠由河南來的接濟，已不可能。我決定休學一年，即赴天水參加稅務人員考試，我想不必貪汚也會有很理想的收入，來供給你們費用。讓四弟一個人高中畢業後跟七弟進政校，我想在西北多留一年。看能否作點毛皮生意，無論如何不使你們零用錢有缺。」大哥沉痛而堅定地不許我們插嘴。

「大哥！讓我休學來賺錢供應你們！」五哥李建都說。

「大哥！讓我休學！」六哥張奇亮說。

「不成！聽我的話，期考過後，我就出發，先參加考試，考取了再辦休學手續！走吧！睡覺去！」

其餘的人大哥都不許再有異議。我們乘着月光，在萬籟齊鳴聲中一個個噙着眼淚悄悄回到宿舍。大哥才不過廿一歲，其捨己爲人之精神及料事如神的智慧，我也曾走遍半個中國，却未曾再見過第二個像他這樣的年輕人。

從此，我無論讀什麼書籍，末了總愛掩卷遐想：這本書裏表現的體力、智力與財力之作用在什麼地方？記得二十多年前大公報副刊上有一篇朗誦詩，作者名字已記不起來，類目是「哭亡女蘇菲」，其中有這樣幾句：

「孩子！告訴我！

在你那個世界裏，

是不是還常把手指頭放在口中

看着別人家的孩子吃着花生米?」

我立卽意識到「財力」的作用，可以在一群小朋友中清楚地分辨出那個是窮家的，那個是富家的，那個是權勢豪門的，那個是販夫走卒的，那個是主人的，那個是僕人的。在氣勢上，在行動上，立可判別誰在上風，誰在下風。天下的狗似乎也都有着一致的特性，西裝革履容甚少被咬，總是對着衣衫襤褸的猛撲狂吠。

國父雖然主張人應有立脚點的平等，但他就智力之差別上，仍劃出了下面這個圖解：

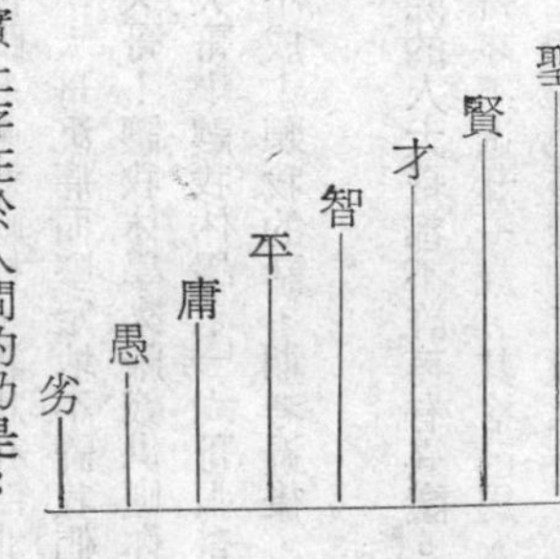

事實上存在於人間的乃是：

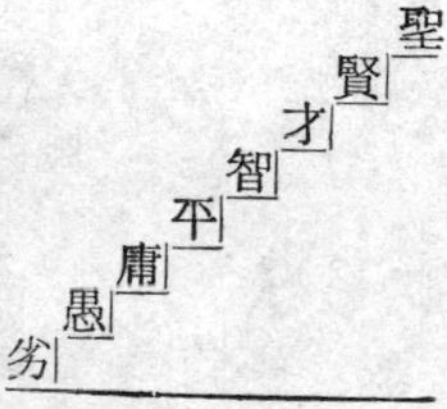

聖
賢
才
智
平
庸
愚
劣

由國父遺教裏，我們也找到了「唯力成功論」的註脚，我們堅信着，我們追尋着。

在愛情邊緣

最難忘的是我在靈泉小學讀四年級時，因爲一篇日記害得全班五十幾位同學各挨戒尺十下。位處嵩山西麓的府店鎮，雖然是一個市集，但其落後閉塞之狀，應該說它仍停留在十八世紀的時代。到處可以看到脚被纒成粽子狀的小脚姑娘，用手扶着牆壁慢慢在沿行。男女之間嚴格地遵守着「授受不親」，我們經常聽到莽撞的陌生男子，如不將人家大門上虎頭下的鐵環，拍上幾下，便推門而入，會被戶主認爲有意輕薄女眷，被用石灰粉抹進眼睛的。

祇有元宵燈節清明前後，或農忙季節，十四、五歲以上的女孩子，才會走出野外見見天。平常她們祇會在大門縫裏偷偷看幾眼過路的情景。萬一鼓了勇氣探出頭來，偏巧又遇上了過路的男人，她們竟像驚弓的跛脚小鳥，要飛飛不起來，要跑跑不俐落地奔回大門以內，很快地掩起門扇，但却又稍留縫隙，凑上一隻眼睛，在怦怦心跳下，偷偷看着適才所遭遇的人。

幾乎是一個造型，豫西的年輕女孩子，都有着一根烏亮而細長的辮子，紅絨繩細着辮子梢兒，綠絨繩細着辮子根，額前一道流海，短短的襖，短短的褲脚管兒，壓平的胸脯，蹺起的臀，刺穿的耳唇下，勾着一副銀耳環，用榆樹皮泡成的髮水，把三千根煩惱絲平整得一絲不紊。搗爛的鳳仙花摻一點明礬，勝過法國的指甲油蔻丹，塗紅了纖纖十指。

對這些女孩子的神秘行動，我一腦子都是「？」，對於性智識，沒有人教，也不許孩子們講，十一歲了，我祇知道同女孩子家談話是羞恥的事，爲什麼？不知道！狗，村裏幾乎家家都有，到了思春季節，牠們隨處逗得我們男孩子圍觀拍手，大人們先是駐足熟視，接着便似怒非怒，似笑非笑地罵走了我們，不知道是爲什麼？一群或一對狗的親熱，小孩子家不許看嗎？大人們爲什麼可以「專利」呢？狗親熱與我們小孩子又有什麼不對呢？成年的婦女連老婆婆們見了，也都掩面扭頭，目不正視，反不及成年男人之有膽量或興緻，又爲了什麼？一腦子都是「？」。

這天下午，校長及老師們都參加宴會去了，我是班長，提議作集體遊戲，於是一呼百諾，群起響應，遊戲的方式，當天我在日記裏隱約記得這樣寫着：

「老師們今天都有事出去了，沒有人帶我們遊戲，我們自己便模仿『狗聯蛋』（河南鄉間土話即狗交配），右手拉住課桌上的木條，然後把左腿由拉着的右手邁過去，成了騎在右手臂上的樣子，另一位同學在旁作投石打擊狀，騎在自己手臂上的人，便學狗叫。我們一直玩了兩點鐘，大家都覺得很有興趣。」

日記簿繳到老師處，第二天發回來的時候，曹老師隨帶了那塊寫着「菩薩化身」四字的戒尺，問明全班確曾集體作「狗聯蛋」遊戲後，由我班長打起，每人重重十下，我們面面相覷，誰也不敢發問：「老師！我們錯在那裏？」

河南因地瘠民貧，地方性的戰亂已是常年不斷，全國性的戰亂，也無不在中原戰場爲結局。豫西山地的盜匪，豫東決了口的黃河水，加上政治上、經濟上的貪官汚吏，社會上、家族裏的土豪劣紳，善良的老百姓與狗並無多大分別。男孩子因有較多的行動上的方便，贍家糊口遠比女孩子的責任重大，於是重男輕女成了習俗，女孩子無論是美是醜，都被看作「賠錢貨」。最貧苦的人家如果生了女孩子，在呱的一聲墜地時，便被沉進了尿桶或便坑，這便是舉世聞名的「溺嬰」風氣。女兒家縱然幸運地被留下來養大了，也多半在十五、六歲之間就要出嫁，八、九歲作童養媳的也不算少，作父母的認爲女孩了家多在家供養一頓飯，便是多賠了幾十元。所以，凡是稍有出息的男孩子，如想早日結婚，倒眞是輕而易舉的事。

我家原屬小康，父親在世時，鐵器店及鴉片館又有活錢進出，父親又善交遊，拖着四個兒子，一個女兒到處認乾親，雖然在他病逝黑龍江後，家產被人巧取、强奪淨盡，但因爲我們還有着精明苦幹的母親帶領，破落戶的舊家風，依然還在。何況我在置身「士林」，又有「狀元」綽號，遠親近鄰提婚說媒的，不知多少，倒不是母親有意要我早婚，而是有女兒的人家都不肯多賠一天錢。

有了待字的女兒，作父母的總不好逢人拜懇作媒，於是銀項圈便有了妙用。有女長成之後，倘未許字人家，無論年齡幾何，頸上常年帶着一隻銀製圓環，此環可大可小，接口處有活動設備，一旦帶上了頸子，便用紅絲絨繩將接口處纏起來，直到有了婆家，才把項圈拿掉。帶銀圈的女孩子跟着母親或嫂嫂多出來走動一下，無可厚非，因爲她的項圈就是對所有的人的一則「徵婚廣告」。拿掉銀項圈，便表示她已名花有主，如再抛頭露面多了，便會招惹非議，一旦傳聞失實，訂婚的婆家，也有索聘退婚的情形，有志節的女孩子，因退婚而投井、投環者，常有所聞。

我也像那些我們家鄉的少年人，無知無識地任憑父母安排，如何成爲一個小婦人的小丈夫。有幾次我被勸說臉洗乾淨些，洗好臉，又命換上一件新衣服，後來長大了，才知道那便是作了一次「女婿候選人」。大人們把孩子們帶到愛海、愛河邊緣，却是蒙上了他（她）們的眼睛，讓他（她）們跳下去。有的載沉載浮，有的如石沉大海，有的跳下去又爬了上來，有的在愛情的漩渦裏斷送了青春。我却因母親堅信有一天兒子坐上了轎子，還愁沒有個像樣的兒媳婦？就在母親這一念之間，我雖幾度被蒙上眼睛帶到愛河邊緣，總算沒有糊裏糊塗跳下去，一直到十六年以後，我同田濟英小姐由於荷馬的「奧德賽」而自由地結合。

高中二下我秉從着侯大哥的指示，以同等學力由淸水往西安報考中國國民黨中央政治學校，自以爲滿腹經綸，可以幸運地像小學升初中一樣，越級進入這馳譽國內外的國民黨最高學府。考試結果，竟名落孫山。我不好意思再回到國立十中，因爲我太辜負了九弟兄的期望，又浪費了他們爲我湊集的路費。

日本軍隊一度佔領洛陽後，不久又退往豫南，我趁便由西安回了家。一去五年，媽叫我站在大門口的磚牆邊量一下高度，嘿！長高了六個磚。就憑這一點，已够媽笑不攏嘴。

「孩子！你幾時才能坐上轎子？」媽已頭髮花白，臉上皺紋益多。多繭的手仍是那樣堅實。

「媽！我已報考過中央政校，校長就是蔣委員長。如果考取了，至少還要四年。」

「什麼！你要拜蔣委員長爲師傅？」大姐驚喜交集插了嘴。原來豫西民間習俗，小孩子第一次入學，由父兄手托一隻木菜盤，上置酒一壺，杯數隻，乾果、點心四式，陪伴子弟叩拜老師、校長。一骨碌爬在地下，磕幾個頭，爬起來再作兩個揖，父兄則一邊敬酒敬點心。這叫做「拜師傅」。

「四年？三四一千二，四六二百四，啊！還有一千四百多天？」媽一邊盤算，一邊深深嘆了一口氣，摸一下斑白的兩鬢，拉我坐下後，竟自哽咽着……。

家生兒養女，惟有你還沒娶媳婦，我得完了這段心事。我死了，在地下見到你爹他也不致責備我。」

「我想怕無福氣再等你了！」媽抹去鼻涕，繼續說道：「你姐姐早已出嫁，三個哥哥也都成了

「媽！你別傷心，我一切順從你！」

「好孩子！」媽轉憂爲喜，滿面笑容。而我呢？却有些後悔了。今年才十八歲，如順從媽就娶下一根長辮子，「唯力成功論」勢將成爲空談。智力僅止於高中肄業，財力勉可溫飽，瘦削的身體，量也無足以肩大任。但爲了母親不再傷心，我祇好默不作聲，在豆棚下，在瓜田間，我每凝神而想。嫂子們都笑我：「看！這就是書呆子。瞪着眼，不講話，旁若無人。」

鎭上有劉姓者，田連阡陌，家族至繁，有女名蘭枝，就讀偃師縣立初級中學，頗健美，也很溫柔，祇是她那一身以民脂民膏換來的服飾，裝點的她有些華而不貴。其父母聞我由國立中學回家，言談頗有雄心大略，新近報考了中央政校，前程當不限於七品知縣而已。母親偏又逢人說：「爲小兒將娶媳婦」，於是媒人紛來，但聽說劉家也託我的啓蒙老師曹仲卿先生爲蘭枝小姐說媒時，別人都銷聲歛跡了。劉家長兄爲現任聯保主任，平日窮兇極惡，鄉民畏如虎狼。劉家三弟任第十五軍輜重營長，經常把汽車由遙遠的前線開回家來，試想自中國有信史起，我們村裏，何曾出現過不用牛拉而會自動的車子？自動的汽車更壯大了劉家的聲威。由汽車輪胎內運回的鴉片，更增多了劉家的財富。

「孩子！你什麼意見？」媽問我。

「媽！謝謝您老人家讓我表示自己的意見，媽旣然要清官兒子，就不可娶貪官家的女兒。」

（說這話八年後，我同前湖北高等法院院長田劭甫先生的小女兒結了婚，也正應在這句話上。）

「對！孩子！我們答應不得，但不答應又得罪不得，這可怎麼辦呢？」

「媽！我有辦法！」我立卽函告遠在甘肅的高二哥，說明目前的處境，高二哥立卽拍回一通電報：「校長命限七日內返校，逾期除名」。我把電報送給媒人曹老師，曹老師轉告了劉家，劉家居然毫無疑心，緩下了成親之議，我捏着一把汗，立卽回了清水，又一次脫離了愛情的邊緣，不，脫離了愛情的苦海。

逃避劉家提親之另一因素，似乎是我對清水還有一個眷念着的人，她是清水郵政局長陳秉文先生的獨生女陳士英，遼寧蓋平人，低我兩班，個子矮而結實，並不算漂亮，留着男生髮式，雖祇十五歲，但能在無垠的草原上，騎着高大的馬，猛馳狂奔，快得已像過隙白駒，仍不斷把皮鞭抽着馬屁股。左右兩手都會開射左輪手槍，但槍法並不算準，會嗚放而已，她笑不見形，哭不出聲，我頗欣賞他那股女盜氣概。

陳局長是日本士官學校出身，九一八事變前在瀋陽考取郵務員後，分發江西郵政管理局服務。陳老太太留在東北故鄉，九一八事變中用菜刀砍死了一個日本憲兵，帶着陳局長的姨太太進關來，好容易得以團聚，陳事母至孝，旋調綏遠、山西等地隨軍任軍郵局長。陳老太太在汾陽因年邁去世後，陳局長伏墓而哭，數度昏厥。綏南晉北一帶鴉片種植普遍，他因喪母而消極，因消極而貽誤職守，接連受上級幾番懲處後，他竟自暴自棄，終日以鴉片解愁，大太太陪侍日久，也染上了芙蓉癖。姨太太僅廿二歲，當年結合，全因陳老太太的疼愛，如今老太太去世了，陳局長又這般不爭氣，終於携帶了陳家的全部積蓄，悄悄同人私奔陜西去了。

陳以一等郵務員身份調長清水三等乙級郵局，實乃當局寓愛於貶之擧措，其妻是個文盲，鴉片癮比他更重，別無所出，他把此生一切希望，都集中在這位獨生女身上，逢人介紹：「這是中國的伊莎白拉！」——Isabella 中古時代助哥倫布發現美洲的西班牙女王。是她統一了西班牙。國立十中有二千多位同學，佔了全清水城人口的十分之一。陳局長是地方機關首長，我們學校凡有比賽或康樂活動，他都被邀或自動前來參加，不用說是在爲伊莎白拉物色「親王」。

同班劉建浩兄，不幸患骨節炎去世，在擴大紀念週會上，我代表全校同學主祭並朗讀祭文，我學着成年人的腔調，居然也聲淚俱下。陳局長有了第一個印象。高一上的新年除夕我演吳祖光編的「鳳凰城」，擔任男主角苗可秀。苗爲抗戰初期活躍在東北的一位義勇軍領袖。那一次我在舞臺上是壯烈成仁了，但在舞臺下二千多位觀衆的心目中却是成功了。英俊挺拔的扮相，抑揚頓挫的臺詞，扣人心弦的劇情，楊默老師技巧的導演，這一切爲我組成了一個榮譽。這位東北籍的陳局長更有了一個帶有親切感的印象。他又從每一個他所認識的老師口中打聽我，有的告訴了他關於我的活力，有的告訴了他關於我的優良成績，有的告訴了他關於我的鴻鵠之志。最後部主任沈方舟老師告訴了他關於我的家庭情形，尤其當他知道我有弟兄四人時，據沈老師說他神經質地驚叫了起來，事後知道，他竟想為伊莎白拉女王招一個「親王」入贅。

為不使這位孤寂的老人過份失望，我以「家母尚有意見，容再去信連絡。」回覆了他。從此，我成了郵政局長公館的嬌客。家事、公務，我都幫同處理，我的英文、國文功課，無論在學校需否背誦，却要每篇在陳家背給老人聽，陳局長認為他有了一位如子之婿，陳小姐認為他父親為她找到了一位兄長，我却在愛情的邊緣上耐心地以一個心理病醫生的姿態在徘徊着。我的恭順，暫時滿足了這位失去生命力的老人。醫治了他對妻女的暴燥，改變了他用拳頭猛擊桌面或頭顱的習慣。

力的尋求，也使我珍惜了已得到的力，像孔雀珍惜着它每一根羽毛一樣，一旦展開，才會有一個耀眼的錦屏。

看誰先到重慶

重慶——這形勢天成的戰時首都，成了全中華民族的精神堡壘，尤其是全國各地千千萬萬的青年學生，該是多麼渴想吧！時光好快，在西北高原上，一躭就是六年，拉起褲脚管兒，撫摸一下腿上被狗咬的疤痕，那像一群小猪一樣，攀越隴山，以野生物爲食糧的流亡生活，又湧向了心頭。這雙腿顯然還有更長的艱險的路要走。

侯大哥爲了籌措我們「唯力成功論」計劃下的經費，毅然退了學，考取天水直接稅局，經過一個短期的訓練，派駐在一家大工廠爲驗貨員。最初幾個月，他偉能滙給我們幾分之幾的薪水，讓我們添置文具，或補充營養，後來竟越滙越多，吉四哥說話了：

「一個初到任的稅務員那有這麼多薪水？」

「是呀！僅止滙給我們的數目比王老師的薪水就多兩倍，難道說一個大學畢業生做了教員，還不如一個高中肄業的稅務員？」我附和着。

「不成！我想去天水察看一下！」吉四哥在一個暑假裏步行到天水去，找到侯大哥，祇躭了一天便又回到學校來。他垂頭喪氣，滿臉愁苦，拖着沉重的步子，欲言又止。在大家焦急地催問下，他終於說出：侯大哥津助我們的錢，都是商人的賄款，得來很是方便，祇要他把驗貨的印戳交出來，閉上眼睛五分鐘，公事包裏便有成疊的鈔票。寄給我們的雖然已經算是多了，在他祇不過百分之幾而已。

「把用剩下的錢扔回去！扔回去！」我憤怒的胸腔像要爆炸了似的。

「對！還他的臭錢！」衆口一詞。

假若我們所追求的「力」，竟是公務員因貪汚而得，我們又何必演代數，解幾何，念英文，學理化，索性練練拳棍，攔路行刼，靠山爲寨，作個山大王，豈不是也「體力」、「財力」、「智力」均全？

退錢的事，因爲我經常到郵局陳局長家，決定由我辦理。當我就這件事，向陳局長說明我們的決定時，他竟意外地默不作聲，我原想他會稱讚的。後來才知道，這時候他已挪用公款，無法彌補正自煩惱着，面對像玉石一樣的年青人，聽了退錢的故事，內心更加愧疚。不到兩個月，他竟囊括郵局金庫所有，留書潛逃。

那封退錢的聯名信，我猶嫌其措詞平和，悄悄地又抄了一篇清儒方仰周的「責撲滿文」，夾在裏面。那篇文章是這樣的：

「何物撲滿！猥瑣之流。起泥土之間，自誇歷煉，實市井之伍。專較錙銖，大腹皤然。原本受胎濁富，小器量耳！可憐滿口斯文，叩之鏗鏗，鳴同瓦釜。動輒碌碌，鄙若斗筲。自詡出入宦門，公然能託大安。見備員泉府，卓有奇功。守錢奴因行立名，孔方兄惟爾投契。始則虛懷若谷，猶王莽下士之時，豈知自滿卽傾。昧周廟欹器之戒，必因銅臭不獲瓦全。天道惡盈，彌躬當愼。」

短短幾百字，有心指桑駡槐。不知他是羞？是憤？總之，我們同他從此斷了交往。

高中要畢業了，全甘肅省採會考方式，由教育廳統一命題。評分結果，據教務主任告訴我，個人總平均成績我爲八十六分四厘，爲全省第二名。接着甘肅省教育廳寄來一張報到證（教一酉字第一〇七九一號），那上面寫的是：

「查學生武忠森係河南省偃師縣人，現年二十歲，在國立第十中學校修業期滿，參加本省本屆高中畢業會考，成績特優，經按規定呈奉教育部本年九月十九日高字第四五四四號皓代電免試分發 貴校理學院數理學系肄業，因該生畢業證書尚在驗印，茲特發給報到證前往報到，並希查照收納爲荷。

此致

國立復旦大學

教育廳廳長　鄭通和」

復旦大學設在重慶市郊，這張報到證，更加强我去重慶的決心。由大西北到大西南，可眞是千山萬水，祈連山、六盤山、終南山、大巴山，都要憑兩條腿爬上去，走下來，走下來再爬上去。「蜀道難，難於上青天。」何況在未到達蜀道前，還有一條並不好走的隴道啊！

當我由教務處領到那張復旦大學免試報到證，在渴望進入大學的同學看來，我應是何等的趾高氣揚，復旦又是極有聲譽的好學校。我呢？却比退錢給侯大哥更爲沮喪。

爲了撈一乘「轎子」給母親看，我在高中二年級文、理分組時，讀了文組，如今却要我鑽進實驗室研究原子能，怎不令人洩勁兒！對該高興的反而冷漠，同學們有不少誤會我故意做作，或者詈罵，或者妒恨。當我拿出那本剪集了二年的「中政生活內線」時，才算一天雲霧盡消。「中政生活內線」是我由報章雜誌上，把有關中央政治學校的一言一事的報導或評介，剪貼而成的一本厚册子。這個學校設在重慶小溫泉，是我志在必讀的惟一學府，所以重慶也是我求學的惟一目的地。曾不止一次夢到，我沐浴在這山城的晨霧裏……。

政校錄取學生之謹嚴，使我孤傲的性格，更見驕矜。各地招生區負責人，多爲政校從政校友，他們爲了愛護學校，往往有形無形中把學校旣定的標準，更爲提高，如遇當地軍政首長受聘協助招生，他們更以招募「大政治家」的眼光，任意釐訂考試程序。譬如洛陽考區有一年由戰區長官衞立煌協助招生，他竟將其警衞的手鎗隊，全副武裝，列成人造走廊，在筆試之前，像「選女婿」一樣，先考口才及打量儀表。衞氏坐在手鎗隊的盡頭，戴黑墨鏡，衣軍大氅，外面點名者一聲吼叫，二十來歲的考生，依次通過人造走廊，走到衞氏面前前向他一鞠躬，由侍從手上抽出一張字條，那是一個演講題目，要背轉身去，即席向權充聽衆的手鎗隊作三分鐘演講。膽小的早因未見過這種「虎威」，而兩腿戰慄，還能有什麼絕妙好詞！於是木訥其言，或詞不對題者，都被摒棄在筆試場外了。我沒有親自經歷過，據所剪集的資料是如此報導。至於在西安區及蘭州兩區，我曾參加過政校招生考試，在筆試前先量體重（需四十五公斤以上）及身高（需一百五十公分以上），還量了雙手的握力，肺活量、血壓、視力，最後逼人難爲情地脫光了衣服，由醫師撥弄、翻視個徹底。取得身體檢查及格證，才能換領筆試入場證。

政校，已成了若干中學生心目中的金字塔。無論考取與否，誰敢決心報考，同學們便都會刮目相看。政校在北方的聲譽，可以說是如日中天，一方面固然是政校畢業生在社會上的表現使然，一方面也因這個學府「上馬殺賊，下馬草露布」式的特殊敎育使然，初不僅由蔣委員長兼任校長，及國府大員兼任校務委員而已。以甘肅省而論，省主席谷正倫即愛任用政校學生，因此該省甚多縣份都由政校學生主持縣政。此外江蘇省的陳果夫主席，貴州省的顧祝同主席都有着相同的作風。

校長高維昌之横暴貪墨，造成十中自成立以來莫大的黑暗，他鼓勵學生從軍，他也輕易開除學生，在全公費制度下，此無他，祇不過像抗戰末期的軍隊一樣，爲吃學生空缺而已。已離校的繼續代領，尚在校的，多方尅扣，因此他箱篋日滿，而身體反日見消瘦，原因是隴東一帶接近共產黨在陝北的「解放區」，那裏有廉價的鴉片滲入隴南各地，高校長又有「寡人之疾」，非借助於鴉片，不能隨心所欲。他曾不止一次在雨夜的黎明前光着屁股由他姪孫媳婦房中跑回自己臥房，校長夫人兼女生主任，雨天夜間點名後，往往因雨下大了，便留在女生宿舍裏。校長「官邸」的陳媽指天爲誓，向我作過見證。我想如有一天到了重慶，我必將此教育界敗類向監察院親自檢舉。一年後果然如願以償，我在政校禮堂門口，親自向于右任院長遞上了一份列舉十大罪狀的告發書。並沉痛而簡要地作了口頭報告，我說我是爲十中二千多位同學的生活請命。于院長點點頭，把告發書放進了馬褂袖裏，後來批交陝甘監察使高一涵，調查屬實，移送清水縣司法處偵辦，清水縣司法處主任審判官張桓因兼十中教員，聲請廻避，移案天水地方法院提起公訴，下文便不清楚了。這是我生平第一次與司法案件有直接關連的事。爲了揭發高某罪行，也是我決心去重慶的一個因素。

西安，我已在以同等學力投考政校那年去過一次，這裡雖也為大學招生區，但我不想舊地再遊。在甘肅六年，竟未一遊甘肅省蘭州，不無遺憾。湊巧各大學在蘭州亦多設立招生區，我決計先赴蘭州參加政校及新創立的中央幹部學校考試，並在蘭州等榜，萬一落榜了，再持復旦大學報到證赴重慶報到。

重慶，重慶，已經成了我們睡裏夢中所想念的地方。我們從未計算過行程幾日？路費多少？卻在圖書館參照各種地圖，繪出了一張由清水到蘭州，再由蘭州到重慶的路線。我自升入高中以後，便曾聯絡幾十位同學，組織了一個頗具規模的「三餘圖書館」自任館長，由圖書館主編了一張壁報——「三餘周刊」。「三餘」的意思，是取自魏志王肅傳裏董遇對讀書人的忠告：「讀書當以三餘。冬者，歲之餘，夜者，日之餘，陰雨者，時之餘」之意。我們在壁報上以全部篇幅來鼓勵同學們立志：「到重慶去！」最後，刊出了我們繪就的巨幅路線圖，固然使志同道合者益加興奮，也使持重的人提出了「錢」的問題。是呀！數千里的路程，毫無開支預算，顯然是純空談，是吹牛皮。我們刊在壁報上的路線圖，被「資本主義者」在夜間塗上了污泥。

的確，「錢」這個東西，實在是阻礙我們到重慶路上最可厭也最可愛的東西。為了對塗污泥者的答覆，我接着出了一期以「到重慶去」為主題的「漫畫特刊」。三藏取經啦！鐵棵磨針啦！

石爛海枯啦！馬哥孛羅東遊啦！哥倫布航海啦！三保太監下西洋啦。都是些以「唯心」攻「唯物」的畫面。

老師也很受我們這種準備苦幹的精神感動，特別在「三餘圖書館」舉行了一次指導性的座談會。教公民的周之垣老師，一面致詞，一面帶着笑臉而眼淚直流。他顯然被我們鋼鐵一樣的意志激動了。周老師是所有老師中最年輕的老師，思想新頴，衣著整齊，儀表英俊，在十中那種「男女授受不親」的風氣裏，他經常挽着周師母散步，也成爲我們竊竊私議的話題。

說起「三餘圖書館」，我們還曾是「宗教革命者」哩！依照組織章則，凡加入爲館友者，需提出十五册以上的合格書籍，加上學校圖書館館長索鑑善老師特許撥付代管（實爲整批借出）的一部圖書，我已有二千餘册，學校不可能爲我們少數學生蓋新房子來放置這些書籍。於是，我們動了「神」的腦筋。就在離教室不遠的地方，有一座樓式小廟，上下各一間，樓上供的玉皇大帝，樓下好像是地藏王菩薩，自從學校徵用靠近這小廟的保安隊營房後，曾擴建圍牆，老百姓便無法自由地通過學校大門前來進香。「神」失去了人的供應，便門前冷落車馬稀。蛛網與塵土使「神」應有的威儀，大大的減色，我們開始對「神」謀「財」害「命」。折其手，斷其臂，除其頭，最出意料的是我們在泥胎的內部，還剖出來數面光亮的銅鏡，據說那就叫「護心鏡」。菩薩既然是萬能的了，心部爲什麼還要護住？以防外來的傷害？這幾面滿清光緒年間的銅鏡，充實了圖書舘的開辦經費。

廟後是一塊空地，是毀「屍」之後絕件滅跡的地方。一個大坑，容下了男、女、老、幼諸菩薩及侍者的泥塊。泥塊中還摻雜着與士敏土同樣功用的麥糠。這泥土與麥糠的混製品已受萬民跪拜了半個世紀，今天，得到如此的歸宿，如泥土與麥糠有靈，也該瞑目了。如今仍有成噸的泥土與稻草混製品在受熱烈的「拜拜」中，不知幾時才「入土爲安」呢？

畢業典禮上，我代表高中部畢業生三百多人致答詞，現在臺北CAT的韓伯平兄代表初中畢業生致答詞。因爲夜間上演四幕話劇「看誰先到重慶」，劇情是一群淪陷區的青年人，投回祖國懷抱的間諜言情故事。我的演詞結句是：

「同學們！今天我們在這裏受到歡送，每一個人的心情眞像新嫁娘一樣，一半是高興，一半却是害怕。我們不知道在社會那個大家庭裏將遇上什麽樣的公婆！

「包袱都綑好了，小驢子也僱好了，祝福老師們健康，同學們進步！明天，我們就要邁開雙腿，趕着小驢子走上征途，看誰先到重慶吧！」——去重慶的人就表示有升大學的志氣。我說的是雙關語。

[illegible]

無價的黃魚

走出了清水城，向南走，爬上一座不算太低的土嶺，回頭看一眼那位於城南的母校，六年來生聚敎訓，如今我們却像被頑皮的孩子戳破了窠的胡蜂，一哄而散。

和着驢子的得得蹄聲，我貌似鎭定，心實恐懼地一步步踏上流亡生活的另一段歷程。由清水至蘭州，據說有一千三百里路，而袋裏却僅有七百二十元，僱驢子的費用及由天水乘汽車的費用不算，這個數字預計每天祇够吃一斤雜糧麪饃，才能到達蘭州。

老吉哥生就一個足智多謀的頭腦，爲了打破這鬱鬱不樂的氣氛，提議齊聲合唱一首「黃河謠」：

黃水奔流向東方，

河流萬里長。
水又急，
浪又高，
奔騰叫嘯如虎狼。
開河渠，
築堤防，
河流千里成平壤，
麥苗肥啊豆花香。
男女老幼喜洋洋。
自從鬼子來，
百姓遭了殃，
姦淫燒殺，
一片淒涼，
扶老攜幼四處逃亡，
丟下了爹娘，

回不了家鄉，
黃水奔流日夜忙，
妻離子散，
天各一方。
妻——離——子——散
天——各——一——方。

這群强作笑顏來自黃河兩岸的流亡孩子，在一曲高歌之下，誰也忍不住了，終於圍攏來抱頭痛哭。是「天各一方」四個字，刺透了我們的心。連驢伕也感動地眼淚直流。

老吉哥爲這一弄巧成拙的提議，頗感尷尬。我們的暫時停止前進，那馱着行李的兩頭驢子也一時間失了管制，竟繞向燕麥田裏偷嘴起來。

「哧呔！哧呔！把你個瘟神，把你個狼折了的！」我騰地躍起，三步併作兩步，學着甘肅的罵人土話，跑上去把驢子拉住。這才逗得大家破涕爲笑，抹去鼻涕眼淚，又一步步縮短着那不知究有多長的艱難路程。

「爸爸！饃饃！」建都哥在學清水西關外那個逢人叫「爸爸」的白癡，拐着一條左腿，到處討「饃饃」。高校長把我們像送人作童養媳的養女一樣，推出了校門。平常我們便已看他不起，他是十足的市儈與黨棍，他毫無書卷氣息。那種出言不遜，破口罵人的習性，我們說他連西關外那個白痴還不如，所以一年來同學們都背後稱他叫「饃饃」，稱他的兩個小女兒叫「饃花」（北方人對麵包屑的別稱）。

任清愼兄表演高校長主持楊建三老師追悼會上的致詞，最足表達出高校長的虛僞與做作。

「楊老師死了！」高校長那似哭的沉痛話語。

「他家裏上——有——白——首……」高校長幾乎要哭出聲來。

「高一部那邊在幹什麼！」高校長突然變了語調，像晴天裏一個霹靂。原來台下站着的高中第一部的同學，有人暈倒了。隊伍亂了形。這一聲大吼，又像戲台上的張飛打敗了仗，兩隻手搓屁股那般急燥激昂。

「下——有——黃——口——」高校長在一秒鐘後，又洗淨了張飛的面孔，變成了一個老乞婆，在氷天雪地裏喃喃自語着。

這種强烈對比的致詞，充分表露了他是一個僞君子。多虧任同學模擬得那樣逼眞，大家又是一陣哄笑，我們一肚子哀怨之氣，似乎已發洩了大半。也消除了旅程上的寂寞。

土嶺過後，漸入山地，隴南的公路，很少是沿着山脚開闢的，多半是隨着山嶺的起伏，開闢在山頂上，路面雖爲黃土舖成，倒也平坦，山地晨昏二次濛濛小雨，把路面滋潤的一塵不揚，光溜溜的，如是乘汽車疾行，眞有點天馬行空的感覺，此是後話，如今我們仍然是憑着兩腿，沿着路邊，手持柳枝，輕敲着驢子屁股，在「安步以當車」呢！

在山嶺上縱目四望，一覽皆小，那山坡的嬝嬝炊烟，山底下的如帶小溪，不禁想起來薛平貴在「武家坡」一劇中騎在馬上，離了西涼界之後，對這「靑是山，綠是水」的花花世界，可能是與我以同一心情來鑑賞着。夕陽西下了，面對着燦爛的晚霞，我又想起在雲霞下面的龜茲、大月氏、鄯善、焉耆……，班超、張騫、趙充國以及左宗棠大顯身手的地方。七月天氣，玉門關外，恰是左公柳秀色可餐的時候。但我們這一代甚至前一代，對這些地方，竟是那樣地陌生。我們能背出上海、南京的重要街道，却不能正確地說出邊遠省份的都會。自民國以來，所有負責教育的人，在地理一課上，似乎祇着眼在江南及沿海一帶。看！抗戰期間內政部所核定的任何一本中國分省地圖，千篇一律都是南京市、上海市爲第一頁，依次爲江蘇、浙江、安徽、湖北、湖南……最後才是西藏、新疆、蒙古。至於地理教科書，由小學到高中，也都是與地圖一樣地排列順序，可是地理課程，直到學期終了，從來沒有教完過。說明白點，我們從來沒有受過邊疆地理的教育。中國人沒有英國人或印度人對西藏知道得更多，也沒有蘇俄人對新疆及蒙古瞭解得徹底，更沒有日本人對東北各省研究的到家。這些地方，在地理上又何嘗不在日本、蘇俄及英印的邊遠省份以外！提起蘭州，誰都會說：「啊！那是塞外！」其實拿圓規來劃一個圓圈吧！蘭州却正是中國領土的中心點。天邊燒紅了的彩霞，正是祖國的熾熱心臟地帶。對這祖先遺留下的土地，我們沒有了「心」，也就冷了肢體。是誰在地理教育上有意地作下了這種賣國的陰謀？

天黑了，離校的第一夜宿在渭河岸的社棠鎮，我們一行六人，揀一家有土坑的小店，卸下了行李。經過協商，第一天決定「住濕店」，第二天以後「住乾店」，店，所以有乾濕之分，這是隴南旅店的規矩。濕店包括土坑費及一碗大麪費在內，乾店則僅指土坑費而言。一頓晚飯吃一碗大麪，等於吃了一天三頓的伙食費，我們預算下的伙食是三餐都啃「鍋塊」，喝開水或酸漿便可。酸漿是陝甘人家，泡製酸菜的水，色呈乳白，爲夏天鄉間人最普遍的飲料。家家戶戶，成缸成罎，三叉路口的樹蔭下，儘有上了年紀的大善人，守着一盆或一鍋，無限制地捨施過往旅客。一餐算是奢侈的大麪過後，大家都已覺得疲憊，擠在一個佔去半間房的土坑上，呼呼睡去。

第二天渡過渭水，便是中央騎兵學校所在地的馬跑泉，這是一個市鎮，僅有一條狹長的街，每隔三、五步，便有一道清涼的泉水由商店門前石階下湧出，在路旁兩條下水道滙成爲日夜不停清澈見底的小溪，居民飲用、洗濯極爲方便。中央騎校的學生，多半是清水的國立十中及天水的國立五中的學生所投考的，祇需初中畢業，或同等學力卽可。說是「騎兵」學校，實在是「騎官」學校，也許是西北產馬的緣故，政府便在這蕞爾小鎮上設立了騎兵的最高學府。

騎校大門前的佈告後面，寫着「校長蔣中正」及「教育長胡競先」兩行大字，逗得我們這幾個初出校門的中學生，心嵌癢癢。當我想到中央政治學校門前的佈告，也必然有着「校長蔣中正」時，我更加快了脚步，希望在八月初旬趕上政校在蘭州的招生考試。

逐漸接近了天水城郊，回憶六年前在這裏吃光了人家農園蔬菜及水果，眞是無限羞慚，也無限難過。隴豫公學時代死去的小夥伴的墓地，也遙遙在望了，有誰知荒山白骨，猶是慈母心上人呢！傍晚時分，我們進了天水城。

爲了節省旅費，今夜我們決定不住客店了。大都市的每一家屋簷下都可供躺下來舒展一夜。在我們看來，那通宵明亮的路燈，簡直是天大的浪費，在光度上，雖然後來到了重慶，才知天水的路燈是那樣昏黃，但比起我們六年來厮守的菜油燈，却顯然有點耀眼。攤開行李捲，幾册課本作了枕頭，借路燈的光，蹺起兩條二郎腿，讀幾回「紅樓夢」，可眞是「樂在其中也」。第一燈光亮，第二不再擔心訓導主任來查夜，第三明天不必再急忙忙趕着洗臉升旗應付早點名。

「今夜我們算是住的乾店呢還是濕店？」我自嘲地找個題目起來。

「我說是乾店！」建都兄自我解嘲道：「因爲無人爲我們加水。」

「我說是濕店！」任清愼就愛唱反調。「因爲半夜裏可能會有露水。」

「無聊！無聊！窮開心！」老古哥顯然爲另一件事在運思着，對我們的議論有點不耐煩。

「我說，買正式車票往蘭州，恐怕我們的錢祇够到定西，便被趕下車來，肚子裏塞什麼，不必考慮啦！不如趁早到公路車站去蹓蹓，看有沒有搭『黃魚』（抗戰期間花不多錢搭乘無票汽車之別稱）的車。」天已現魚肚白，老吉哥一邊說一邊站起來，拖了我就走。

終於，我們在車站附近一家茶館前遇上了一位滿身油垢的司機。

「老鄉（北方人與陌生者打招呼的通稱）！有到蘭州去的黃魚車嗎？」我問。

「有！你們是幹什麼的？」司機說。

「流亡學生，到蘭州去考大學的！」

「行！每人二百元！」

「請同情我們！少點好嗎？大家做個朋友！我們本來都是富家子弟，因爲家鄉被日本鬼子佔了，經濟上失了接濟，老實說，祇要我們考取大學，四年出來，還能忘記你老大哥這段情義？」我賣起膏藥來。

「哧！」老吉哥在一邊忍不住要笑，被我揪了一下，未被他笑穿我的法螺。

「好吧！你們幾個人？」司機上下把我打量了一陣，右手拍了一下大腿，好像有意減價了。

「六個人，是同校同學，一同去蘭州的。」我擔心減價不多，還得費些口舌。

「全部免費。我是老粗，沒有讀過書，將來你們幹濶了，可別忘了我呀！」

「什麼？免費！」這飛來橫福，我同老吉哥都有點不相信。

「現在就上車，我們是大華公司由重慶開往玉門拉石油的空車，一隊十八輛，隨便你們坐那輛都行。」

回到屋簷下，叫起建都兄等，催着捆行李，連臉都未洗——事實也找不到洗臉的水。在晨霧曚曨中，我們跳躍着奔向附近的空場上，找着剛才那位司機，帶我們見了一位挾公事包的中年人，我們一排併立，還未等鞠躬完畢，中年人揚揚手說：「好吧！快上車去！要出發啦！」我們一骨碌登上一輛卡車，卡車上有兩層空的五十加侖油桶，我們就在第二層油桶上坐下來，眞比坐客車還理想，空氣好，視界寬，六個人圍成一圈坐，開始玩起「連字遊戲」。車到秦安，才想起來今天不但尚未洗臉，而且還未吃早餐哩！

「建都！把牛奶打開，一人一杯，不許多喝！兩個奶油麵包，一段香腸，一個橘子，二塊巧克力。葡萄大家共用，沒有剪刀，分配不容易，放在中間自由吃。」老吉哥最是忠厚的人，這時候也開起玩笑來。他在畫餅充飢。

「我們都吃過了，祇剩你一個人啦！你慢慢享受吧！」老吉哥畫的餅，非但未能充了他的飢，倒是引出了我一大口涎水來。

「連下去！連下去！」我們祇好把字當餅，暫時忘記了腸胃。

「……今天，天下，下雨，雨季，季節，節日，日前，前面，面孔，孔子，子孫，孫文，文藝，藝術，術科，科學，學校，校長，高維昌，王八蛋……」

「哈哈哈……」我們對高校長之痛恨，可以說無時或忘。常聽說有人責難學生們不如以前之尊師重道了，却從未聽有人說辦教育的人很多很多日趨下流了。爲了活動一個校長職位，不知花去多少金錢，用盡多少心血，一旦到手，能不尅扣公帑，收回成本者幾希！高維昌何曾夢想到，他就在幾個月後，摔倒在我們這幾個叫化子樣的年輕人手上！

車過華家嶺，山雨驟來，我們坐在汽油桶上，一無遮蓋，霎時間成了六隻落湯鷄——都是公鷄。爲了防護參考書，我們頭頂頭，肩併肩，圍成一隻人肉造成的蒙古包，書籍就在這包中間。桶蓋上的浮油，因雨水的冲洗，濺到身上，沾在手上，抹在臉上，很快地把六隻落湯公鷄，變成了六隻沒有角的黑羊。老吉哥靈機一動，展開一床棉被，把六隻黑羊一齊蓋起來，恐怕淋雨過久而生病，這六隻黑羊是「六位一體」，任何一隻病了，也必然加重另五隻身心上的負擔。老吉哥自己披了一床白被單，在棉被外面，輕哼着「蘇武牧羊」歌。他不肯鑽到棉被底下來，說是爲大家注視頭頂上不够高度的電話線或樹枝，好及時按下我們的頭，免得被一齊絆下深山谷裏去。

華家嶺爲陝甘公路通過六盤山的最高峯，曲折迂廻，驚險萬狀，尤其在烟雨中行車，司機須在後輪上掛上一副鐵鍊，這樣才不會在黏性的黃泥上，直打轉兒不前進。

在蘭州五泉山下，我們跳下車來，向司機道謝握別，在此後十幾年的動亂及流浪中，雖然遺失了他留給我們的姓名與住址，却永遠留下了一次深刻的紀念。

「我們總算活着到了蘭州！」

「平生第一次當黃魚！」

「無價黃魚！」

我們慶幸着，也自嘲着。……

[illegible]

腓力浦的孩子

「吁！天下何竟如斯其小！」

我堅決相信馬其頓王腓力浦第二（Philip II）的兒子亞力山大（Alexander）說過這樣的話，雖然至今我從很多中、英文本世界史上仍未查得出這句話的出處。那就像我在所有國父遺教中查不出國父答覆因那不勒斯而自豪的意大利人的話一樣。

「馬其頓王腓力浦第二從特爾海灣（Thermaic Gulf）北岸起步，縱橫愛琴海上，很快地便懾服了雅典，統治了整個希臘。他爲他的兒子亞力山大請了柏拉圖（Plato）的學生亞里斯多德（Aristotle）作了老師。這個十三歲的王子，因爲跟着老師讀了不少荷馬的詩歌，那些具有煽動性的敍述古代英雄事蹟的詩歌，使這位年輕的王子英彩煥發。二十歲繼承了父親的王位，身率數十萬大軍，在短短的幾年之間，戰敗了波斯帝國，親手焚燬了波斯王宮。馳騁小亞細亞，在尼羅河口建立起亞力山大城，深入遠東內地，橫渡了印度河。倘非葱嶺相阻，部下厭戰，中國大陸也難免被這個洋娃娃蹂躪一番。葱嶺高與天齊，亞力山大問部將山後何處？部下說已到天邊，無處可去。亞力山大就在馬上掉下了幾滴英雄淚，感嘆世界竟是這般狹小。這時亞力山大纔不過廿六歲。」教史地的韓福祥老師在課堂上爲我們娓娓而講，我却在堂下，屈指默算：再過五年便同亞力山大同歲，我，高中還未畢業哩！但無論如何，亞力山大的故事在我心田裏生了根一樣，從此，我起了一個英文名字：Alexander Wu。當我率領中國代表團，出席在日本大阪舉行的國際青年商會一九六二年亞洲區年會時，我的名片上便印着這幾個字。一位印度代表問我此名有說乎？當我爲他說完了故事，這位印度阿三頗有慍色，武陵溪其步亞力山大後塵飲馬印度河歟？端正一下鼻樑上的近視眼鏡，未免令人氣餒。但少年的我，確曾是亞力山大精神上的俘虜。

「朝見那不勒斯，夕死可矣！」一個意大利人有一天曾向　國父孫中山先生自豪着。

「那不勒斯不及中國阿房宮富麗堂皇百分之一。」國父說。

「阿房宮究竟怎樣？」

「……五步一樓，十步一閣，廊腰縵廻，簷牙高啄；各抱地勢，鈎心鬪角。盤盤焉，囷囷焉；蜂房水渦，矗不知其幾千萬落。長橋臥波，未雲何龍？複道行空，不霽何虹？高低冥迷，不知西東，歌臺暖響，春光融融；舞殿冷袖，風雨淒淒。一日之內，一宮之間，而氣候不齊。」

「可否帶我去觀光一下？」

「楚人一炬，可憐焦土。」國父攤了一下手，聳了一下肩。

韓老師這一段可能是極難考據的講話，也給了我一個深刻印象。面對歐風美雨，我們這一代中國人能拿得出手，在國際上顯露者，厥惟之乎者也的倫理哲學而已。什麼指南針啦！印刷術啦！火藥啦、造紙術啦！也都是幾千年前祖先的遺產，但我們並沒有把它進一步發揚光大。反爲列强應用，成了「以華制華」的工具。

「亞力山大」如今流落在蘭州街頭，看他已經够長的頭髮，倒也梳了個平整。身穿黑色粗布中山裝，足登平底布鞋，襪子是降過三次級了——一雙長統襪，底穿破了，剪下一段，縫起來再穿，穿破再剪，剪一次，襪統下降二、三寸，故名降級襪子。不看脚底但看脚面，倒也完整無缺。說他是叫化子吧！腋下却經常挾着幾本書，除因久不洗澡撲臉一股汗臭氣外，也還有點書香。

爲了應付卽將到來的大學招生考試，爲了有一個安身的地方，爲了不虞飢餓的肚子，不容我對這省會所在地的城市，多所瀏覽。

五泉山下，我們一行六人圍攏來商議，衆口一詞「建設之首要在民生」。民生問題本「以食為天」，天色已晚，我們却應該先找到一個避風雨的地方，於是，擺在面前的却是急待解決的「住者有其屋」問題。

雖然，因為作了無價黃魚，把車費節省下來，如果，在這樣大的都市裏住旅館，那祇好用褲帶把頸子先緊緊綁起，窮則變，變則通，我們忽然想起，每個人的書包內，還都有着一張三民主義青年團的團員證。「三民主義是救國主義，青年團是革命團體，我們是革命同志，同志有難，團體豈有不予救助之理？」會議總算有了結論，何況這個結論非常堂皇而又合乎邏輯。於是，我們決定去找蘭州市三民主義青年團部的負責人。

在黃包車夫的指引下，我們步行到萬家燈火時分，才在民國路甘肅高等法院對面，找到了「青年館」。原來「團」、「館」諧音，車夫指引我們來到了這所大門敞開，闃無一人，滿院破磚爛瓦的地方。青年館在興建中，工程已完成百分之九十五的樣子，新房櫛比，門窗電燈都已安裝，祇是地面尚未清理。管它三七二十一，有房便住，何況已困乏不堪，兩眼惺忪了。七手八脚，掃清了一間小房，倒在地上納頭便睡，這比在天水人家屋簷下露宿，在黃魚車上淋雨，已經是享受了。

奇怪的是，一個禮拜過了，竟沒有一個人來過問一聲，好像所有的新房，都是為我們六個人興建的一樣。我們為了準備考試，也就懶得去找房主，僅為解決住的問題而來，現在已自行解決了。還有什麼人好求？自從走出校門那一天起，好像所有遇到的人，都自以爲比我們高一個頭似的，我們也太多禮了，回想一下，這幾天不知逢人鞠了多少躬。哼！亞力山大豈是這樣膿包氣！他們與我同感，所以，也就打消了再找什麼人交涉的意念。房是空的，無用的，公家的，我們是學生，是流亡學生，是窮苦的流亡學生，是有青年團員身份的窮苦流亡學生，還有誰敢當小偷辦？這個理論基礎，支配了我們的行爲。

住的問題解決了，吃的問題日見嚴重，僅是啃饅頭的錢，也衹够維持三天了。再過十天，就要報名，空着肚子下考場，總不是辦法。老吉哥要我執筆向報紙上寫點什麼，賣稿費也好，呼籲救濟也好，隨我的靈感而定。

我在一天下午，一再逐字推敲，寫了一篇「我們要吶喊」，投送到「甘肅民國日報」去，第三天以專欄地位登出來了，題目被編輯改爲「高中畢業生的出路」，還加上了一個副題——「他們不可以做小學教員嗎？」。這篇文章一字一淚，從烽火連天的前線，寫到花天酒地的後方；從多年公費的培育，寫到一旦撒手不管；六個人寫成了六十個人；身手矯健，寫成了氣息奄奄。果然，當天下午社會處便派了一位專員來看，報社也派了記者來訪，在我及老吉哥一番聲淚俱下的陳述後，社會處在民國日報的督促下，開始了行動，社會處長來了，啊！原來就是六年前主持「甘肅省救濟災區流亡學生委員會」的主任委員楊集瀛先生。我們由衷地愛佩他，懷念他，孤陋寡聞竟不知他後來當了省政府的社會處長。

「楊委員！」這一聲像迷途的孩子回家見到了爹娘一樣，把個楊處長呆住了。這熟悉的稱呼，使這個矮胖的老人，泛起了彌勒佛一樣的微笑。他已知道我們都是他六年前敎養過、抱過，並用手撫摸過小腦袋的學生，他現在需要舉起手來才能撫摸到我們的頭了。

「噫！長高了！長高了！」楊處長，不，應該是楊委員不住地重覆着這一句話，似有無限感慨。

「明天，到社會處集合，由你負責召集領隊，我要點名！」楊處長拉着老吉哥的手吩咐着。

「是！」我們每個人興奮地由口裏、鼻子裏、眼睛裏一齊迸出了這個字。

我們六個人必需在今天夜裏連夜找到六十個人。於是分頭出動，由國立甘肅學院、國立西北師範學院、國立西北技術專科學校、中央警官學校西北分校的宿舍裏，找到了寄宿的另外的十中同學三十多位，加上國立五中的一部份考生，湊够五十多人。大家一聽說社會處即將救助，一個個興高彩烈地在老吉哥率領下，列隊走進了社會處的大門。在庭院裏，大家分三排站定，楊處長立在臺階上對大家先是一番安慰，一番鼓勵，最後答應供給我們在考試及等榜期間足够的生活費用。當場繳驗證書，簽名造册，一一點呼後，魚貫而出，大家都跑上來感謝我那篇帶淚的文章。

在中華書局經理王泰東先生的協助下我們遷到城外的河南同鄉會，並且設起了爐灶，由社會處領到的麵粉及現金，除了不能與我們「同居」的女同學，按照比例分給她們自理外，我們各顯所能，或任採買，或任水夫，或趕麵條，或蒸饅頭，一個個吃得津津有味。

除了在蘭州市內的甘肅學院、師範學院、西北技專、西北醫專、中央警分校外，外埠在此招生的學校，似乎祇有中央政治學校及新成立的中央幹部學校。我因已有復旦大學的保送書，所以祇報考了政校的法政系及幹校的生產管理系。這兩個學校都在重慶，且都是蔣委員長兼任校長。報考幹校的人數不記得了，報考政校的，好像是三百七十二人，試場在甘肅學院內。

試卷由重慶航空寄來，考試完畢，又航寄到重慶評分去。等榜期間的生活，該是多麼寫意。

北塔山面對着聞名中外的黃河鐵橋，鐵橋下湍流的黃水上漂浮着一排排的羊皮筏。

羊皮筏是三隻到五隻被剝脫的羊皮，羊毛翻向內面，紮緊了四脚及嘴部，由肛門口用嘴吹進空氣，像一隻大型氣球般，然後並排固定在竹竿上，便成了黃河上游居民順水而下的交通工具。因爲河水湍急，皮筏又輕，逆流而上，根本不可能，正因爲它輕，等到達目的地後，坐筏的人便要把筏扛在肩上，沿着河邊，運回原地。飽脹的羊皮，各自獨立，不幸其中一個被湍流中的尖銳物體刺穿，洩了氣，其餘的因還完整，也不致沉溺。

最痛快要算是以數元之價，買來一隻斗大的沙瓤西瓜，色紅、汁甜、水多、皮薄。沒有够長的刀來切，掄起拳頭，猛然一擊，裂成數塊，六個人捧而食之，足够一飽。因爲塊大嘴小，吃完西瓜，也洗乾淨了臉，這是吃大塊西瓜的「剩餘價值」。

沙菓雖紅脆，究仍比不上拖着澈地長辮子的蘭州小姐，惹人喜歡。賣葡萄乾的人，在人行道上舖下一張床單，葡萄乾便像河南農家的糞堆一樣，接二連三，花幾角錢，便可把身上所有的口袋裝滿，够吃大半天。百合瓣既大且肥，和冰糖葡萄乾併煮成羹，眞是老少咸宜的飲料。

還有哈密瓜、醉瓜，恕我文字修養太差，無法以我所知道的辭彙來說明一瓜在手的感觸。

我幾乎天天到中山公園民衆教育館去看由重慶航寄蘭州的中央日報。喏！政校發榜了！三百七十二位考生中錄取了十四名，法政系祇取二名，我是第一，隴西中學的張鵬舉是第二。瞪大了眼睛，一遍又一遍地看着，顧不了公德不公德，一張對開報，一折四開，二折八開，三折十六開，四折之後，成了卅二開，塞進口袋，飛也似地奔回河南同鄉會來。三十多位十中應試同學，祇有我同劉天文（新聞系）考取。當我想到假若老吉哥他們當中央幹校也落榜，到重慶去的路上，必祇有我一個人了。興奮與憂鬱。交集心頭，輾轉反側，竟至一夜失眠。

天剛亮，我便從草舖上一骨碌坐起來，在用磚臨時砌成的小臺上展開一疊稿紙。晨光由破了的紙窗上投射進來，在這昏暗的陋室裏，這一縷縷耀眼的晨光，像一支支長劍一樣，是上帝授給亞力山大的兵器？是母親歡欣地伸出了抱慣我的雙手？

激盪的思潮，錯綜複雜的心緒，在稿紙上，融結成百十行詩句，題目是：「你！這個腓力浦的孩子！」

「………………

………………，

太陽爲你而熱，

月亮爲你而明，

所有的星辰都屬於你。

地爲褥，

天爲被，

山岳爲枕，

在大自然的搖籃裏，

你悠悠醒轉。

孩子！揉一下你的睡眼！

聽天使的樂隊在演奏着，

天使長高擎着冠冕

　在向你召喚。

腓力浦的孩子

雲車業已備妥，
天馬嘶嘶，
長風呼呼，
起兮！起兮！
在那遙遠的地方，
伊甸園的門已爲你開着。
…………，
…………。」

走進了伊甸園

中央幹部學校跟着也放榜了，我考取專修科生產管理系，老吉哥、建都哥及奇亮哥還有任清愼同學等考取交通管理系。赴重慶路上，不愁沒有伴兒了。

一度輕鬆的心上，接着又壓上來一塊磐石，從蘭州到重慶僅是坐汽車，就要四十天，餐費、車費、旅店費……，我們揣一下空着的荷包，眞不知應如何編出一張預算表來。總不能背起同鄉會的鐵鍋上路呀！

我們展開地圖，席地圍坐着，循着公路線，從蘭州到重慶，先數一下高山——烏鼠山、六盤山、朱圉山、隴山、祁山、嶓冢山、麥積山、（入陝西境）紫柏山、朱蒼山、（入四川境）巴山。如由廣元順嘉陵江南下，路雖迂折，沿江兩岸，想必風光甚美。況至合川與涪江、渠江相滙後，還可看一下從課本上知道爲瓦特發明的而生平尙未見過的輪船。合川到重慶便祇有一箭之遙了。

「六年前僅是爬一座隴山的苦頭已够受，我沒有再爬這麼多山的勇氣！」奇亮哥追憶着六年前我們被第一軍政訓處由河南前線搶救到甘肅來時，一路跋涉的情狀。

「苦不在脚，而在肚子。」老吉哥在打經濟算盤。

「討飯也要去！」建都哥一骨碌站起，由灶臺上拿起我們的菜籃兒，依在門框上，伸出右手學着叫化子的腔調：「好心的老爺太太，賞給我們一碗剩飯剩菜吧！」惹得大家一陣哄笑。

「天下未亂蜀先亂，天下治而蜀後治。蜀道之難，難於上青天。」任清愼朗誦着地圖背面的「人文」。他提醒大家，在萬山叢林中，步行數月，加上四川民性之强悍，恐怕命運不許我們到達重慶，不是粉身碎骨在深山谷底，便是作了大巴山裏苗人的祭禮。

「你們這裡有位姓武的同學嗎？」由門外進來一位淸秀的紳士。

「是我！請問貴姓？」

「陳茂柏！」說着由他手裡遞過來一張名片，他是「甘肅省政府秘書。」

「武同學何時動身到政校報到？」

「啊！還未定呢！我們正在爲這一段遙遠的路程開會。」

「有困難嗎?」

「……」我們都低頭不語，因爲我們的困難正是一言難盡，不知應從何處說起。

「政校開學，應在九月間，離報到還有兩個多月，你們應該找個彌補旅費的差事。」

「可惜我們人地兩生。」

「武同學，請今天下午帶一份自傳來省政府秘書處找我。」陳秘書爲何突如其來?爲何獨對我發這份善心?他因公忙，匆匆地走了，我們對他的來意，都狐疑不決。但看他那副謙和勁兒，該不會有任何壞意。

連三趕四，我寫好了一份簡單的自傳，毛筆繕正後，整齊一下衣服，由老吉哥陪伴我逕奔省政府來。

兩個扛長槍的衛兵把一雙刺刀一叉，擋住了我們的去路，還有三個帶短槍的衛兵擁上來問長問短。我同老吉哥可眞有點着慌。省政府前平日被「肅靜」的門可羅雀，寬敞的大門，深長的院落，一眼望去，夾道上十步一崗，五步一哨。路中間「龍庭」前是一個平臺，平臺中間立着一根旗杆，早晨升旗，下午降旗，谷止倫主席都要參加，上了刺刀的衛隊在平臺邊處面對省府大門，背向主席，站成一個半月形，很顯然這堵內墻是爲防止由省府大門外突來的襲擊。一個月以來，我們立在省府大門的馬路上，已看慣了這種極具威儀，極富幻想的佈署。

據一位畢業於中央警校西北分校的十中校友說：西北分校雖然掛的警校招牌，實爲某情報機關專門訓練人才的機構。一次畢業典禮上，戴笠（雨農）將軍要親自測驗一下畢業生的機智。派了兩名學生於辦公時間帶槍潛入門禁森嚴的省政府，在主席辦公室內向天花板開槍兩響後，要仍然安全走出省府。這兩個學生首先盜取了衞兵隊長的服裝佩件及符號，化裝之後，堂堂正正進入了省政府，衞兵還恭敬地行了禮。他們在主席辦公室依照計劃開槍兩響後，匆忙間奔出室外，一面喊叫捉刺客，一面狂吹口哨，招集衞兵。在全府忙亂中，他們完成任務，回到了學校，戴笠將軍大爲激賞。立卽電告谷主席，不必忙亂了，是警校學生在實習。這故事是否經得起考證，那祇有問專家了。

谷主席綽號「谷鬍子」——因爲他留有一撮頗具長度的八字鬍，與當今在臺灣的立法委員谷正鼎及極負盛名的救災專家谷正綱先生，世稱「谷氏三弟兄」。其人精明强幹，文武全才，對禁烟禁毒及治匪，往往是電令各地縣長——兼軍法官及司法檢察官，把人犯就地正法。抗戰期間，西北後方極爲安定，谷主席的鐵腕作風，實具大效。

陳秘書的名片之外，我們還被扣留了學生證，靑年團員證，然後由一位衞兵帶到秘書處。經通報後，陳秘書未出來前，我們被衞兵步步緊跟着，這種冷寂得要命的氣氛，使我對「轎子」問題，有了厭惡。幼年所見國府林森主席遊嵩岳時，執鞭衞隊驅散小民時的情景，又一次湧上心頭。現在，我背後不就站着一位荷槍實彈的衞兵嗎？我同老吉哥像被送上了刑場，不准輕移脚步。

「吉同學請先回去，武同學跟我來！」陳秘書一見面便匆匆忙忙吩咐着。

老吉哥莫明其妙地瞪着眼被衞兵連推帶拉送出去了。他極不放心地回過頭來看了我好幾次。那情景頗有點像梁山伯書館送別祝英臺。

繞過龍庭，走到省府後花園，在一列平房前停下來，陳秘書要我在門外少候。我有了機會看一下這人間禁地的內景。花卉、樹木、魚池、假山、亭臺、樓榭，還有由後牆望去，一輪高大的水車，在緩緩轉動。一座虹一般的長橋，像是由城牆上穿空而來，虹橋有槽，槽中是水車由黃河掬上來的黃水，供應了全省府的飲用。

原來蘭州沒有自來水，地質鹹性，地面上白霜似的普遍一層鹹粉。祇有五泉山下約有一平方里的第八戰區司令部附近有甜質水泉，那裏也樹木蒼翠，綠色油油。其餘各處，寸草不生，尤其北塔山上像個受戒和尙的頭，五泉山則像和尙嘴邊捨不得剃光的一個痣，痣上長了一撮長毛。蘭州四郊有石田，爲天下一景。別處農家最惡田中有石，而蘭州人則成擔成車把卵一樣大小，扁平黑亮的石頭向田裏運送，像是施肥，石頭越多，莊稼越茁壯，據說經過若干年後，要把舊石頭全部揀出來，再換上一批新由河灘揀來的石頭。

在蘭州吃水，須一桶一桶向市面上買，買來的水都是用人工向黃河裏挑來的。家家戶戶備有兩口水缸，一口盛新買來的土黃色水，其中還有細沙，這些沙來自青海巴顏喀喇山；這些土，來自綏遠河套及寧夏境內，萬里長城外面的黃土平原。倒入水缸後，要加一撮研細的白礬。然後用柳樹枝攪拌三、五分鐘，說也奇怪，黃水立可變爲清水。小心地把清水一杓杓盛過另一口缸備用。所以在蘭州洗一個清水澡，不談價錢，僅是弄水的手續，已够麻煩。

那利用水流的衝力，轉動水車，把水運上空中，倒進水槽，流入省政府的設備，幸虧未能普遍，不然靠賣水吃飯的人，不知要失業多少。陳秘書出來了，招招手讓我進了一間掛着「視察室」木牌的房子，介紹我給一位馬視察。接着指給我一張小棹子，又堆給我一大包資料——電報、信件、紙片、日記、地圖、縣志……。這些是省府視察人員分赴各縣視察，陸續寄回的文件，視察室指定一位視察，在短期內加以整理、編緝，向主席提出一整套報告。

資料編整的步驟爲：先按縣份區分，然後逐縣就下列四個項目整理：

㈠施政環境——包括山、川、地勢、物產、交通、人口、宗教及地方士紳派系。
㈡縣長略歷——包括出身、人事背景、學識、品德及健康。
㈢施政得失——包括管、教、養、衞四大類中省府交辦事項及縣府擬辦事項。
㈣視察意見——視察人員對該縣視察後應興應革之意見。

工作有了，待遇並沒有提，陳秘書說我可以不必準時上下班，也不必參加省府內部活動。說完話，逕自走了。這樣體面的人，總不會虧待我吧！我且不問收穫，但願耕耘下去。

視察室對面，便是主席官邸內宅。我坐在窗內，聽着那鞦韆架上小朋友們的喧鬧，撫摸一下自己像這般年歲時被保丁摑過的面頰，無限感傷。想一下二個月後，我便要在最高革命學府接受最高統帥的親自教育，在蔣委員長設在重慶小溫泉官邸的門前，朗朗而讀的情景時，伏在棹上，又情不自禁獨個兒偷偷笑了。如今，當我更深夜闌，妻服侍孩子們上床去後，陪着我撰寫這篇自白書，眼望着架上那本翻破了的「六法全書」，我却欲哭無淚。

光陰荏苒，匆匆一月過了。陳秘書一天黃昏，來到河南同鄉會，告訴我：「你的工作很好！視察室要我帶給你一點錢，作爲去重慶的費用。另外政校校友會也爲你募捐了一筆，我想，節省一點用，應該够了。」

「謝謝陳秘書！關於政校情形，能否指導一點！」

「到校後少說話，多充實自己。我再重覆一遍：少說話。」陳秘書眞誠地叮嚀着……。

接着，河南同鄉會也捐助了一筆路費。一位用手工捲香烟的李姓商人也捐了一筆。最難得的是一位河南籍王老太太，她有位女婿叫羅葆英，擔任蘭州軍運統一檢查站主任，聽說有一位家鄉子弟考取了政校，老太太說什麼要見我一面。旣見之後，親熱地要爲我包餃子，縫內衣，老人家一片赤誠，給我無限溫暖。談到去重慶的事，老太太一口答應關照她的女婿爲我們介紹黃魚車。

軍車搭載「黃魚」，正是統一檢查站取締的目標。由檢查站主任向司機推介一、二條無價黃魚，雖非順理成章，倒是水到渠成的事。當然司機先生另外捎帶一、二條有價黃魚，檢查站非但要閉上眼睛，還需電告下一站的主任說：「車上是我的親戚，請予通融關照。」一路輾轉電告下去，我們也就通行無阻。司機也落得把黑市交易變成了明盤，由此可見違法必先自執法者毀法開始，我得到第一個體驗。

曉行夜宿，車行兩週，進入四川地界，在廣元下車後，司機已脫離陝甘公路之控制，對待我們的態度，已不如前幾天來得可親。當晚接獲一個口頭通知：「車輛要在廣元檢修兩個禮拜，願否等候，悉聽尊便。」這通知無異是逐客令。識相些的好！廣元正是嘉陵江上游的大碼頭，城外江邊，檣桅林立，大小木船櫛比排列，買個艙位，躺下來順流南下，臥看水光山色，騎慣了驢子的北方人，享受一下南方人的代步工具，正是夢寐以求者。

計議已定，我們一行六人，全部改乘木船，祇要是朝着南方走，走一段算一段，管它船的目的地是短程或是長程，反正嘉陵江南岸比起廣元還有更大的碼頭不少。當晚，吃過晚飯，爲了節省旅店費，就在江邊洽妥了明晨便要出發南充的中型木船。船老板答應我們立卽上了船。

船艙中盡是由陝西運來的棉花包，在棉花包上設下了我們席夢斯一樣的床鋪。自從離開學校三個多月以來，今夜要算是睡得最甜的一晚了。

天色已亮，船伕們忙着起來整理用具，就要出發。「呔！格老子幹啥子玩意兒喲！」一個船夫指着站在船頭上翻閱「紅樓夢」的建都哥一聲高叫，其他的船夫立即停下工作，說是今天不開船了。因爲建都哥犯了船規，觸了他們的霉頭，在船頭翻書，主大不吉利，毛病就出在這個「翻」字上。

根據不成文法，犯了船規的人要出錢買一隻雞，宰殺之後，以雞血淋在船上，全船休息一日，打個牙祭。明日一早開船。就這樣，我們出乎意料地在廣元躭擱一日。

廣元，唐武后的父親武士fen當太守的地方。經向居民探聽，知道城北崗上有座武后廟，香火極盛。每年春季武后誕辰，尚有熱鬧的廟會。我還特地前往一遊，廟宇建築雄偉，丈餘巨碑上刻有武后像，廟內住持有拓本出賣遊客，生意不惡。這個被男性史學家一向寫成荒淫無道的女皇帝，想不到在四川人心目中竟當成神在崇拜。

行行復行行，一路上我們在船上撒尿也是犯船規，用紙片作成象棋喊「將軍」，也是犯了船規，在船頭撑傘也是犯了船規，老鼠由艙內跳下水，也是犯了船規……每犯一次，殺雞一隻，停船一天。既無旅館費開支，我們也樂得打個牙祭。趁便上岸瀏覽一番，不也輕鬆嗎？印象最深是：在閬中我們進了張飛廟，六個人合扛那支據說重達一百二十斤的丈八蛇矛，逢人誇說見識之廣。後來知道此矛爲後人鑄造用作裝飾的膺品時，不覺失笑自己在考古這一門學問上是如何淺薄。不過，對於張飛我倒比對關羽與劉備有些偏愛，我也曾寫過一篇「談張飛」，登在臺灣日報副刊上，原文如下：

劉、關、張三人之中，我最愛張飛，張飛的可愛處，是忠、勇、正、直。

羅貫中在「三國演義」裡把張飛寫成：「身長八尺，豹頭環眼，燕頷虎鬚，聲若巨雷，勢如奔馬。」再加上戲劇化裝，替張飛塗成一副黑白相雜的花猫臉，掛一副于思鬍，一舉手，一投足，急急忙忙，成了冒失鬼；說起話來，哇哩哇啦，成了楞頭青。劉備呢？接續了中國的「法統」，當了皇帝；關羽呢？被人捧成神仙，至今吃不完人間的雞鴨魚肉。祇有張飛不受人們重視，偶而在三家村的三官廟裡，叨劉、關二位的光，「敬陪末座」，分了一杯羹，這是不公平的。

自從張飛「少與關羽俱事先主」，直至「自閬中會江州，臨發，其帳下將張達，范疆殺張飛」爲止，一直是劉備的得力助手。不像關羽，一度投靠曹操。吳將周瑜便曾上疏孫權，稱張飛爲熊虎之將，劉備以梟雄之姿用之，「恐蛟龍得雲雨，終非池中物也(見資治通鑑漢紀五十八)」。說周瑜是顧忌張飛之勇敢善戰，不如說是顧忌其忠心不二，更爲得體。

張飛之勇，依正史之記載，如當陽、長阪之役，劉備棄妻拋子，大敗於曹操之際，張飛僅帶廿騎，據水斷橋，瞋目橫矛大喝一聲：「身是張翼德也，可來共決死！」曹方大將竟無敢近者，何等威武！其後之攻劉璋，破巴郡，敗張郃，都打的是硬仗，從未像關羽一樣，臨陣耍什麼「拖刀計」。

張飛之正，被陳壽「愛敬君子而不恤小人」一語道盡。他不僅勇於作戰，而且在宜都太守及巴西太守任內，勸政愛民，政績斐然，沒有誰信張飛會叫他太太開後門收紅包的。

張飛之直，在於對部屬有過必罰，且以皮鞭痛責，毫不姑息。劉備常勸誡他：「卿刑殺既過差，又日鞭健兒而令在左右，取禍之道也。」張飛不聽，終為部屬所殺。我認為劉備是道地的鄉愿，張飛是個模範軍人。

羅貫中在「三國演義」裡造張飛的謠，說他曾鞭過督郵。其實把督郵打了二百杖而後掛印棄官的是劉備自己。請看「蜀書」卷二：「督郵以公事到府，先主（劉備）求謁，不通，直入縛督郵，杖二百，解綬繫其頸，著馬柳（音王，繫馬之樁），棄官亡命。」劉備當時得能擔任中山安喜尉，完全是謊報軍功所致，其實據「典略」記載，劉備在荒郊遇到黃巾賊，身受重傷，躺在地下裝死，賊去之後，被人用車載救，有何功勞可言？政府查出根底，派督郵來「沙汰」他的公職，劉備早已知情，把督郵痛打一頓，而後棄官逃亡，羞人的事算在張飛頭上，顯然是羅貫中看他姓劉，又一次「正統」思想作祟！

嘉陵江下游險灘重重，每過一灘，我們便慶幸又死而復活一次。終於又活生生到了合川。

「嘟！」是瓦特發明的東西在吼叫。會冒烟的鐵船，浮在水上，引起這幾個北國的孩子，極大的好奇心。

「走！乘輪船去重慶！」不加思考，一個個搶先扛起行李向賣票的地方走去。剛一上船，「嘟！」的一聲，船在浪花翻飛下離岸南下。好像快得多，轉瞬間船到了重慶牛角沱。經人指點，就此我一個人上岸逕奔小溫泉，前往「中國國民黨中央政治學校」報到。老吉哥他們到中央幹校去，還有一段路程，沒有下船。

當晚，我邁着輕鬆的步子，走進了我心目中的伊甸園●

人上人的畫像

「吃得苦中苦，方爲人上人。」從我懂事起，母親便曾不止一次地這樣叮嚀我。據母親的解釋，人上人就是坐在別人肩膀上轎子裡的人。爲了做人上人，我才不讀復旦而讀政校。

到中央政校來找轎子的年青人，何止我一個！看！新來的同學們，在趾高氣揚，滿心歡喜地勤練新學的校歌：

「政治是管理衆人之事，

「我們就是管理衆人之事的人，

「管理衆人，

「要身正，

「要意誠，

「要……。

中國官場，幾千年來，講求「牧民」之道。從字面上看，作官的猶如牧者，老百姓便是羊群，牧者一根長長的鞭子在手，羊兒便乖乖地循着鞭子尖兒的方向，默默地啃着青草，讓守護在羊群外圍的牧羊犬，及時地解開「角鬪」者的糾紛，或驅回離群太遠的小羊。

「我們就是管理衆人之事的人！」製曲家李抱忱先生，把這一句歌詞譜的穩重、緩慢而有力。當老同學們看見新同學那種得意的樣子，好像在嫉妒，也好像在譏誚。終於有人在鼻孔裡發出不耐的聲音：「哼！科員！科員！科員！小科員！」

「科員政治」，在政校的老同學是不屑一提的名詞。我們新同學還不太瞭解它。我們祇知道已經有了「管理衆人」的資格。我們祇知道從這所校門進來，再從這所校門出去，便不愁沒有可牧之民，這是心底下的話，當然在口頭上，每一個人都頂溜嘴順口地會說：「我們已經走進了革命的最高學府，既爲獻身革命而來，卽應效法革命先烈的犧牲精神，在這革命的洪爐內，鍛鍊成一位堅强的革命鬪士，革命！革命！革命！」

在別的大學已經讀到三年級了，還來政校參加新生考試的，每年大約佔了報名人數的十分之四。因此，應屆高中畢業生，考取政校的機會便無形中減少。我曾問過同班的閔傳福，他已讀完中央大學電機系三年級，爲什麼要「中途變節」，捨棄電機？他毫不遲疑地振臂一呼：「爲了革命！」隨後擠一擠眼，幌一幌頭，來一個神秘的微笑。啊！偉大的革命鬪士！

校園裡，仔細端詳一下吧！那踱着方步，油腔滑調的，一定是法政系的。我拙於描寫，抄一段畢業紀念册上現成的話語吧！

「法政系正因爲人多，所以才衆。各省人都有，其中以川籍同學最多，湘籍同學次之。他們好活動，愛說話，同鄉觀念比較濃厚，而其他各省同學亦愛活動，但多爲抗戰流浪學子，所以同鄉觀念比較淡薄。既有同鄉關係與其他小團體的爭執，有時不免爲『領袖慾』傷感情。然而，在這一個革命大鎔爐中，在千萬次「要有政治家風度」的叮囑中，我們和衷共濟，和平相處……。

「法政研究會，是我們（法政系）唯一的課外學術研究會，它的任務是出壁報，聘請校內外學者來校講演，並舉辦各種系際、班際比賽及迎新送舊各種康樂事務，然而，由於學校環境的變動，以及一般集體研究情緒的低落，這個會的工作從來沒有緊張過，這是實話。

「選入法政系的人，大抵是通才自命，不願以『專』來限制自己。有人說過通才像一根錢串子，它是社會、人人、事事、物物和諧性的調協者，推進的方向引領者，他要比其他的人更遠更廣。」如今，讓我們回憶一下，站在法政的崗位上，表現過些什麼？和其他各系間合作到什麼程度？其間爲了點小風波，系與系、級與級之間，不免發生點小誤會，於是標語滿牆，盡是嘲罵，致引起問題上質的變化……。」

關於法政系，我不願多所錄載了，因爲我自己也是法政系出身。越抄臉越熱，手越抖個不停，手繼續抖下去，還有更精彩的各系，如何描畫呢？搞集團、貼標語、興風作浪、借題發揮、爭領袖、不讀書、好活動、愛講話，四年下來，便成了「政治家」。

腋下經常挾把算盤，聞來滿身銅臭的，應該是經濟系的同學了。他們的形色，在畢業紀念册上，也有記載：

「經濟系是近年來最吃香的一系，據說，因爲她的出路比較好。但本校的各系中，她不是最出色的一系，不過也不是最冷靜的一系，經常是合乎『中庸之道』，不搶前也不落後。在校中，人家都稱她是『老二』，她也常以『老二』自居。穩健而不荒唐，輕鬆却不俏皮，不像法政系一樣的老成持重，也不像外交系、新聞系一樣的活躍易動，這是她的特徵。

「經濟系的同學，這一群永遠有偉大抱負的青年，他們對於功課都十分認眞，同時對於國家經濟制度，各種經濟計劃與措施，都時刻注意並常作研討，因爲他們並不高唱空調，只一味講求理論。理論要與事實配合起來，所以政府的黃金政策施行時，他們便自動地擧行批評辯論會；在最近的經濟緊急措施方案未公佈前，他們却已經開始了分析和研究工作，並且還擧行過幾次熱烈的辯論會。値得紀念的往事啊！勤學不厭的精神，是這一段生活中美麗的故事。他們的抱負够偉大，中國經濟危機已日漸加重，他們却正懷着滿腔熱忱，躍躍欲試，要在畢業後擔負經濟改革與建設的領導工作。你知道，他們學的是政治經濟，並不是做一個『銀行員』就能滿足了心願。」

出路好，實指錢拿得多而言。銀行員豈足以滿心願？要拿大錢，就必需「擔負經濟改革」與「建設的領導」工作。

油其頭，粉其面，一路走，一路哼洋曲，見面先「哈囉！」，中國話夾雜着西洋話，挾着一本洋裝書，却永遠看不完它，吃飯桌前也可以點起脚尖，踢踏兩下舞步。請看他們自己的外交詞令：

「入學伊始，全體環集，自我介紹，各敍來歷，歡情洋溢，雖值隆多，了無寒意。（註：本來四川猶之臺灣，經年無雪。）同級五十人，以籍貫論，卽有川、豫、湘、鄂、滇、粵、閩、魯、冀、遼、吉、晉、贛、蘇、浙、皖十五省之多，故各人求學過程之殊異，生活狀況之不同，自可想見。惟同習外交，抱負則一，志趣既同，相知自易，雖屬初見，而已親切逾恒，相處愈久，情誼愈篤。

「吾級同學，愛國熱忱既不後人，於藝術修養，亦有可觀……繼國語話劇之演出，又先後三度有英語劇上演，初爲 Rising of the Moon，繼爲 Sulestitute 再爲Madam Smarst。……英語流利，表演生動……爲吾校成立廿餘年來，首開紀錄。

「劇藝之外，對音樂亦有共同之愛好，課餘輒可聞嘹亮之歌聲，或爲華歌，或爲西曲，或雄偉而激昂，或溫柔而圓潤，而爲發自音樂藝術眞情之表露則一。

「革命之基礎，在高深之學識，當此國家地位低落，國際鈎心鬪角之日，深知非有充分之學識，不足以肩異日實行獨立自主外交之艱鉅，是以每日黎明，教室內，操場上，到處可聞誦讀外文之聲。」

我所親眼看見的，却正與此描述相反，被目爲害群之馬的，多半出在外交系。民國四十一年在臺北掀起一件桃色糾紛的大新聞者，便是與我同時入學同時畢業的「外交家」。聽說他後來外放土耳其，經常到大使官邸走動，當大使調任海牙國際法庭法官時，他也隨去海牙。法官未幾去世，法官的獨生子也相繼而亡，這位仁兄便輕而易舉接收了法官的兒媳婦及畢生所有全部美金積蓄，人財全得，已能實行「獨立自主」的理想。

新聞系有幾位女同學，雖非個個花枝招展，倒都嫻靜大方。祇有一位應該讀外交系而偏選了新聞系的女同學，初以交際花姿態而享譽全校，終因佳人作賊，偷了同室女同學的連號新鈔票，被訓導處起出實贓而開除。請看這群搖筆桿的同學，對他們自己的描述：

「當花灘溪的流水又一年一度由濁黃而變爲澄清的時候，我們：八位英雌和五十九條好漢懷着崇高的理想，偉大的抱負，從天南地北，從遙遠的異邦，跨進了這培養革命生力軍的大本營，以歡欣的彩筆寫下生命史上新的一頁。

「在動亂的時代中，苦難磨練着我們，智慧哺育着我們，師長們像古希臘的彫塑家，以全副精神來塑造他們理想的鬪士，……

「每當一抹夕陽照紅西天的時候，大家的笑聲像晴空的鴿鈴一樣響遍了山谷。三三五五的走在一起，散步聊天，互相交換着CRB電台廣播出的非官方消息。這期間唯一叫人頭痛的是：一天幾乎近百次的立正、稍息和整內務，這豈止使無冕女工大叫吃不消，就連我們的大衆詩人，也要因此而常常緊張得通宵失眠。」

的確！每天近百次的立正、稍息和整內務，正是每一個政校新生所不易消受的事。我們不是大學新生，簡直是新兵！軍訓制度、訓導制度及畢業生分發工作制度爲政校的三大特徵。訓導及軍訓隊長還有體育員，他們三位中任何一人的不及格分數，都足以獲得學校當局無條件全力支持，開除學籍，無論是新生或是老生。

地政系與外交系一樣，爲各大學所無，校長蔣公眞是識見遠大。早在民國廿一年，蔣校長軍次武漢，鑒於土地改革工作之推行，首先應培育地政人才，乃電令教育長丁惟汾先生籌設地政組，時羅家倫先生爲教務主任，聘陳果夫及蕭錚先生爲籌備委員，由地政組而地政研究班，由地政研究班而地政學院，由地政學院而地政專修班，由地政專修班而地政專修科，由地政專修科而地政系。地政系同學以「缺者爲貴」的得天獨厚際遇，加以各省普遍增設地政局，他們不愁沒有出路。土地問題是老問題，解決土地問題的地政學則是時髦的學科。他們都帶着一身泥土氣息，沉靜、樸實，跟在其他各系背後，隨遇而安。他們把校園中每一幢房屋用測量儀器，測了又測，畫了又畫。那踱着方步的；口哼洋曲，脚踢舞步的；振筆疾書，出口成章的，固然不屑一顧，卽是腋挾算盤、一身銅臭、志趣相似的也不與接近。

我們不容否認，這所國民黨的最高學府在北伐前後以及抗戰期間，爲國家培育了甚多可用之才。但因國民黨領導全國對日本八年抗戰，國力消耗過大，民生凋疲，人心浮動，蟄伏多年的共產黨，又千方百計在群衆運動上，把國民黨在人民心目中的估價，一再打了折扣。黨內門第之見，日漸加深，排擠傾軋，自傷元氣。陳果夫，陳立天兩位先生起初對學校確實花費了不少心血，後來他們爲避閒言，也就與學校若卽若離。其他大學的學生，却又熱嘲冷諷，把我們叫「小CC」。事實上，四年在校，有幾人同兩位陳先生單獨談過一句話呢？分發就業制，演變成介紹就業制後，各部會、各省市政府首長，對來自政校的屬下，無不以「特殊人物」看待。這難怪，因爲陳果夫先生主持着委員長侍從室第三處，負責全國人事安排。政校畢業生又每人領有一套書表，到職後應向學校塡報就其崗位上的所見所聞，並提出應興應革意見。目的在訓練學生對所任職務的深切認識。報告表彙繳特設的「畢業生指導部」，至於指導部是否把相同的報告及建議，又整理爲有體系的資料轉報「侍三處」，不得而知。萬一中央有何指令下達有關部會或省市政府，那些首長們便直覺地認爲：「是這個新來的小傢伙在寫報告！」因此，「小CC」都成了「特殊人物」。社會上戴起了有色眼鏡看我們，我們在學校或在黨的內部又是這般被冷待。像童養媳一樣，公婆雖有，却無衣食父母那樣親切關懷。

於是，學校生活及革命精神從心理上崩潰了，我們把日夜隨時單獨召見，一談就是二、三小時的訓導先生，暗地裏稱爲「包皮」。我們也把一天到晚對我們發出「立正」、「稍息」口令，不下百十次的軍訓隊長，暗地裏稱爲「盲腸」。是怨懟也是反抗！

訓導，多爲前期校友，或爲卸了職的縣長，他們有豐富的行政經驗，有極熟練的黨義理論。每一訓導負責二、三十位學生，你走路，他在背後；你上課，他就在窗戶外面；你參加小組討論，他就坐在一邊，在一本小册子上不停地不知悄悄在寫着什麼；你病了，他來探問；你愁苦着臉，他會深夜叫你去談話，旁敲側擊，從祖宗幾代問到有沒有女朋友？

隊長，在我剛入校前，學生總隊長是孫立人將軍，他後來調赴緬甸擔任青年遠征軍總司令。所以我入校後學生總隊長改由文職的訓導主任兼任。訓導主任還兼學校內直隸中央的特別黨部主任委員。故訓導主任實爲黨、政、軍之總主管。政校訓導權及隊長權之大，可以想見。總隊之下爲大隊，三中隊爲一大隊，三分隊爲一中隊，三班爲一分隊。班長爲學生擔任，分隊長、中隊長皆由中央軍校挑選來的優秀軍官擔任。大隊長則爲百戰將軍。我們的大隊長是湖南人，我厭惡他，所以連名字也已忘記。但我却永遠忘不了他訓話的神氣。

「爾等」！大隊長在各班報數，後分隊長報告中隊長，中隊長報告大隊長人數後，開腔了。「爾等」一詞，用語體解釋便是「你們」。但我們却一直被「爾等」了二、三年。

說起報名人數，則爲任何大、小集會所不可少的禮儀。

「各班報數！」分隊長一聲令下。操場上或大禮堂內像教會同聲祈禱一樣，嚷成一片。「立正！」分隊長統計了本分隊人數後，下了口令。然後抱拳向後轉，奔向中隊長前，立正敬禮，又然後像聯珠砲一樣：「第某分隊分隊長某某報告，本分隊應到集會人數若干名，除事、病假外，實到若干名，報告完畢！」敬禮抱拳，向後轉，跑回分隊前，對立正的同學下令：「稍息！」

各分隊報告完畢，各中隊長也隨聽隨統計，像分隊長一樣，向大隊長報告如儀。如爲總隊集合，各大隊長再向總隊長報告如儀。這是政校的規矩，從不因風雨而稍有改變。

我們每人有一根長柄刺刀，一支捷克式步搶，一天到晚放下槍讀書，放下書操搶。女同學是另一個獨立分隊，也不例外。射擊訓練從左輪手槍到馬克沁機關槍。戰鬪訓練從班攻擊到斥堠活動。還有要命的夜間教育，不一定在那一個月黑風高之夜，突然淒厲地吹起一陣緊急集合號，不許燃燈，不許出聲，在三分鐘內，全副武裝集合在大操場上，聽候命令。說是有匪類包圍本校，或奉派前方支援戰事，在黑暗中跟着分隊長唧枚疾走，到一個不知名的地方。出發前分隊長用手電筒，檢查了每個人的服裝及槍械子彈。最重要是打綁腿是否打够三個花？這些表現作爲考試分數。不及格者，天亮後便可能接到開除通知單。有多少學問很好的同學，噙着眼淚揹起行李，走出了校門。

我不是抱怨政校這種平常訓練考核制度，在造就一個文武兼長的地方行政幹部，有什麼不對，而是未能因才施教，就誤了多少有用的讀書時光。政校在訓練「服從」與「忍耐」這一點上，是相當成功了，但在學術造就上却失敗的無法評分。因此，富有求知慾的同學，有不少半路藉口退學，轉到其他大學去了。

好不容易，我走盡千山萬水，進了心目中的伊甸園，誰料到進了園子，才知道這園子早已開始荒蕪。

腓力浦的孩子在追求智識的努力上，有了無限的悵望。……

三民文庫已刊行書目（五）

	書名	著者	類別
161.	水仙的獨白	胡品清著	散文
162.	希臘哲學史	李震著	哲學
163.	靈臺書簡	劉紹銘著	書簡
164.	春天是你們的	鍾梅音著	散文
165.	談文學	鄭騫等著	文學
166.	水仙辭	張秀亞著	散文
167.	德國文學散論	李魁賢著	新詩
168.	中國史學名著①②	錢穆著	歷史
169.	管艇書室學術論叢	顧翊群著	學術
170.	鐘	水晶著	散文
171.	旗有風集	漢客著	散文
172.	讀書與行路	彭歌著	散文
173.	南海遊踪	施翠峰著	遊記
174.	閑話閑話	洪炎秋著	文學
175.	迎頭趕上	陳立夫著	論文
176.	愛情力量及正義	王秀谷譯	哲學
177.	青年與學問	唐君毅著	哲學
178.	靜軒時論選集	賴景瑚著	時評
179.	青年的路向	鄭鴻志譯	心理
180.	雨窗下的書	繆天華著	小品文
181.	人性與心理	孟廣厚著	心理
182.	自信與自知	彭歌著	散文
183.	文藝與傳播	王鼎鈞著	散文
184.	人海聲光	張起鈞著	散文
185.	橫笛與豎琴的晌午	蓉子著	新詩
186.	音樂創作散記	黃友棣著	音樂
187	芭琪的雕像	胡品清著	散文
188.	中國哲學與中國文化	成中英著	哲學
189.	舊金山的霧	謝冰瑩著	散文
190.	說中華民族之花果飄零	唐君毅著	散文
191.	詩經相同句及其影響	裴普賢著	文學
192.	科學真理與人類價值	成中英著	邏輯
119.	回顧錄①②③④	鄒魯著	傳記
194.	藝術零縑	劉其偉著	藝術
195.	白馬非馬	林正弘著	邏輯
196.	書生天地	陳鼎環著	散文
197.	王陽明哲學	蔡仁厚著	哲學
198.	童山詩集	邱燮友著	新詩
199.	海外憶	李慕白著	散文
200.	致被放逐者	彭歌著	散文

三民文庫已刊行書目 （四）

	書名	著者	類別
121.	樂藝	劉其偉著	藝術
122.	烽火夕陽紅	易君左著	回憶錄
123.	哲學與文化	吳經熊著	哲學
124.	危機時代的中西文化	顧翊羣著	文化論集
125.	自然的樂章	盧克彰著	散文
126.	筆之會	彭歌著	散文
127.	現代小說論	周伯乃著	論述
128.	美學與語言	趙天儀著	哲學
129.	一個主婦看美國	林慰君著	散文
130.	蘭隨苑筆	鍾梅音著	散文
131.	異鄉偶書①②	何秀煌 王劍芬著	散文
132.	詩心	黃永武著	文學
133.	近代人和事	吳相湘著	歷史
134.	白萩詩選	白萩著	新詩
135.	哲學三慧	方東美著	哲學
136.	綠窗寄語	謝冰瑩著	書信
137.	淺人淺言	洪炎秋著	散文
138.	危機時代國際貨幣金融論衡	顧翊羣著	經濟
139.	家庭法律問題叢談	董世芳著	法律
140.	書的光華	彭歌著	散文
141.	燈下	葉蟬貞著	散文
142.	民國人和事	吳相湘著	歷史
143.	詞箋	張夢機著	文學
144.	生命的光輝	謝冰瑩著	散文
145.	斯坦貝克攜犬旅行	舒吉譯	遊記
146.	現代文學的播種者	吳詠九著	文學
147.	琴窗詩鈔	陳敏華著	新詩
148.	大衆傳播短簡	石永貴著	論述
149.	那兩顆心	林雪著	散文
150.	三生有幸	吳相湘著	傳記
151.	我及其他	劉枋著	散文
152.	現代詩散論	白萩著	新詩
153.	南海隨筆	梁容若著	散文
154.	論人	張肇祺著	文化哲學
155.	孤軍苦鬬記	毛振翔著	傳記
156.	回春詞	彭歌著	散文
157.	中西社會經濟論衡	顧翊羣著	經濟
158.	宗教哲學	錢永祥譯	哲學
159.	反抗者①②	劉俊餘譯	論述
160.	五經四書要旨	盧元駿著	文學

三民文庫已刊行書目（三）

81.	一樹紫花	葉蘋著	散文
82.	水晶夜	陳慧劍著	散文
83.	胡巡官的一天	金戈著	小說
84.	取者和予者	彭歌著	散文
85.	禪與老莊	吳怡著	哲學
86.	再見！秋水！	畢璞著	小說
87.	迦陵談詩①②	葉嘉瑩著	文學
88.	現代詩的欣賞①②	周伯乃著	文學
89.	兩張漫畫的啓示	耕心著	散文
90.	語小集	蕭冰著	散文
91.	社會調查與社會工作	龍冠海著	社會學
92.	勝利與還都	易君左著	回憶錄
93.	文學與藝術	趙滋蕃著	散文
94.	暢銷書	彭歌著	散文
95.	三國人物與故事	倪世槐著	歷史
96.	籠中讀秒	姚葳著	故事
97.	思想方法	秀河著	散文
98.	腓力浦的孩子	武陵溪著	時評傳記
99.	從香檳來的①②	彭歌著	小說
100.	從根救起	陳立夫著	論文
101.	文學欣賞的新途徑	李辰多著	文學
102.	象形文字	陳冠學編著	文字學
103.	六甲之冬	沙岡著	小說
104.	歐氛隨侍記①②	王長寶著	日記
105.	西洋美術史①②	徐代德譯	藝術
106.	生命的學問	牟宗三著	哲學
107.	孟武續筆	薩孟武著	散文
108.	德國現代詩選	李魁賢譯	新詩
109.	祝善集	彭歌著	散文
110.	校園裡的椰子樹	鄭清文著	小說
111.	行與言	桂裕著	雜文
112.	吳淞夜渡	孟絲著	小說
113.	仙人掌	胡品清著	散文
114.	理想和現實	毛子水著	論述
115.	班會之死	碧竹著	小說
116.	二涼亭	吳樹廉著	小說
117.	六十自述	鄭通知著	傳記
118.	悲劇的誕生	李長俊譯	哲學
119.	一束稻草	吳怡著	散文
120.	德國詩選	李魁賢譯	新詩

三民文庫已刊行書目　（二）

41.	寒花墜露	繆天華著	小品文
42.	中國歷代故事詩①②	邱燮友著	文學
43.	孟武隨筆	薩孟武著	散文
44.	西遊記與中國古代政治	薩孟武著	歷史論述
45.	應用書簡	姜超嶽著	書信
46.	談文論藝	趙滋蕃著	散文
47.	書中滋味	彭歌著	散文
48.	人間小品	趙滋蕃著	散文
49.	天國的夜市	余光中著	新詩
50.	大湖的兒女	易君左著	回憶錄
51.	黃霧	朱桂著	散文
52.	中國文化中與國法系	陳顧遠著	法制史
53.	火燒趙家樓	易君左著	回憶錄
54.	抛磚記	水晶著	散文
55.	風樓隨筆	鍾梅音著	散文
56.	那飄去的雲	張秀亞著	小說
57.	七月裡的新年	蕭綠石著	散文
58.	監察制度新發展	陶百川著	政論
59.	雪國	喬遷譯	小說
60.	我在利比亞	王琰如著	遊記
61.	綠色的年代	蕭綠石著	散文
62.	秀俠散文	祝秀俠著	散文
63.	雪地獵熊	段彩華著	小說
64.	弘一大師傳①②③	陳慧劍著	傳記
65.	留俄回憶錄	王覺源著	回憶錄
66.	愛晚亭	謝冰瑩著	小品文
67.	墨趣集	孫如陵著	散文
68.	蘆溝橋號角	易君左著	回憶錄
69.	遊記六篇	左舜生著	遊記
70.	世變建言	曾虛白著	時事論述
71.	藝術與愛情	張秀亞著	小說
72.	沒條理的人①②	譚振球譯	哲學
73.	中國文化叢談①②	錢穆著	文化論集
74.	紅紗燈	琦君著	散文
75.	青年的心聲	彭歌著	散文
76.	海濱	華羽著	小說
77.	僾門春秋	幼柏著	散文
78.	春到南天	葉曼著	散文
79.	默默遙情	趙滋蕃著	短篇小說
80.	屐痕心影	曾虛白著	散文